OPÉRATIONS COLONIALES

TACTIQUE DES PETITS DÉTACHEMENTS

CHINE ET INDO-CHINE

OPÉRATIONS COLONIALES

Tactique des petits Détachements

II

CHINE ET INDO-CHINE

PAR LE

Capitaine G. PROKOS

de l'Infanterie coloniale

Avec Préface de M. le Général GALLIENI

Membre du Conseil supérieur de la Guerre

PARIS

Henri CHARLES-LAVAUZELLE

Éditeur militaire

10, Rue Danton, Boulevard Saint-Germain, 118

—

(MÊME MAISON A LIMOGES)

PRÉFACE

*Le général de division GALLIENI, membre du Conseil
supérieur de la guerre, à M. le capitaine Prokos,
4e colonial, Toulon.*

Paris, le 30 août 1910.

Mon cher Camarade,

Je viens de lire le manuscrit du deuxième volume
de vos OPÉRATIONS COLONIALES. Il traite de la *tactique
des petits détachements en Indo-Chine et en Chine.*
J'ai été très intéressé par ce travail et je ne puis
que vous féliciter de l'avoir entrepris.

Bien que soumises aux grands principes de l'art
militaire, les opérations coloniales n'en constituent
pas moins, dans leur ensemble, une guerre vraiment
spéciale et soumise à des règles particulières que l'on
ne peut méconnaître sans les plus graves inconvénients et sans s'exposer aux plus douloureuses surprises.

Pendant la période de guerres coloniales conti-
nuelles que nous venons de traverser, nos jeunes officiers ont pu acquérir ces règles et ces principes, soit
directement par leur expérience personnelle, soit indi-
rectement au contact d'officiers plus anciens ayant
guerroyé longtemps dans toutes nos colonies. Mais
notre empire colonial étant maintenant assis, ces
guerres sont devenues et deviendront de plus en plus
rares. L'heure est donc venue pour les officiers qui,
comme vous, ont participé glorieusement à nos expé-
ditions coloniales, de prendre la plume pour faire
bénéficier la génération d'officiers qui les suit de
l'expérience qu'ils ont acquise en Afrique, à Mada-
gascar, au Tonkin, en Chine.

L'application des règles et principes qui régissent la guerre coloniale varie suivant la nature des théâtres d'opérations, l'armement et la tactique de l'adversaire. Après avoir exposé, dans un premier volume, les règles de marche et de combat au Maroc et en Afrique occidentale, vous entreprenez, dans le présent ouvrage, de faire connaître quelle doit être la tactique des petits détachements en Indo-Chine et en Chine.

Mais, même en Indo-Chine, les procédés de stationnement, de marche et de combat varient suivant les régions. Nos soldats ne combattent pas, dans les plaines du Delta, comme dans les forêts mamelonnées du Yen-Thé ou les montagnes rocheuses du Haut-Tonkin. C'est ce que vous avez parfaitement compris et, dans votre travail, vous étudiez successivement les caractéristiques de la Guerre dans ces trois régions différentes qui se partagent l'Indo-Chine.

Adoptant un procédé didactique dont il convient de vous louer hautement, vous exposez sur des cas concrets, — hypothétiques, il est vrai, — avec de nombreux croquis à l'appui, les principes qui, d'après vous, réglementent les opérations coloniales des petits détachements en Indo-Chine. Non seulement l'exposition de ces principes y gagne en clarté, mais surtout les méthodes et procédés que vous préconisez trouvent leur justification dans les réalités du terrain et de la situation des deux parties adverses.

Dans ces conditions, cet ouvrage, fruit de votre longue expérience personnelle, arrive bien à son heure et me semble être assuré d'un vif succès près de tous les officiers qui s'intéressent aux questions militaires en Indo-Chine.

Recevez, mon cher Camarade, l'assurance de mes sentiments affectueux.

Général GALLIENI.

INTRODUCTION

Dans le volume I de notre étude sur la *Tactique des petits détachements* dans les *Opérations coloniales (Maroc et Afrique occidentale)*, nous avons donné les principales notions concernant la tactique que doivent adopter les petits détachements pour combattre les Marocains, Maures, Soudanais, Touareg et autres peuplades africaines aux mœurs guerrières.

Nous nous proposons d'exposer, dans le volume II, les principes et règles de conduite à employer par les petits détachements, contre les bandes annamites, Cambodgiens, Chinois et irréguliers à la solde du Céleste-Empire.

× ×

Lorsque nous avons entrepris notre étude, nous n'avons poursuivi qu'un but : condenser, sous une forme simple et à la portée de tous, les enseignements reçus de nos chefs, de nos camarades et -- pourquoi le dissimuler ? -- de nos simples troupiers, collaborateurs modestes mais non dépourvus d'intelligence et de bon sens, auxquels s'ajouteraient ceux que nous avait suggérés notre propre expérience, basée sur plus de vingt années de campagnes coloniales.

Pour obtenir ce résultat, nous aurions désiré ne prendre pour exemples, dans chacune des situations de guerre que nous avons examinées, que des opérations réellement exécutées, et tirer de leur examen critique les conclusions qui justifiaient les principes ou les règles que nous voulions établir.

Mais, d'une part, la diversité des colonies envisagées (Indo-Chine, Chine, Laos, Formose, Cambodge et Siam), les effectifs des nombreuses colonnes qui ont combattu dans ces régions et qui variaient de 50 à 1.000 fusils ; d'autre part, les considérations politiques qui dominaient presque toujours l'élaboration et la conduite des opérations militaires, ne nous ont pas permis d'adopter la *méthode historique*, malgré les avantages et l'intérêt qu'elle pouvait présenter. Nous n'aurions pu conserver à notre étude le caractère de *Memento de tactique* que nous voulions lui donner. En outre, nous aurions été obligé de mettre en scène des chefs sous les ordres desquels nous avons fait nos premières armes, dont quelques-uns appartiennent encore à l'armée, pour lesquels nous avons conservé une profonde admiration et que, tout en rendant hommage à leur ardeur, à leur bravoure, nous aurions été amené à juger et, parfois même, à critiquer.

Nous avons pensé, dans ces conditions, qu'un exemple *hypothétique*, qui donne la synthèse de plusieurs opérations de même nature réellement effectuées dans des régions et des circonstances de guerre différentes, avait au moins autant de valeur que l'exposé d'un fait historique en partie dénaturé ou maquillé pour des raisons fort respectables. Aussi avons-nous conservé, pour cette deuxième partie de notre étude, la méthode et la forme que nous avions adoptées pour la première.

Nous ajouterons, toutefois, que la majeure partie des exemples hypothétiques, des cas concrets qui ont servi de base à nos déductions tactiques, se rapprochent de faits de guerre réels, auxquels nous avons personnellement pris part, et que les croquis qui sont mis à l'appui de ces exemples reproduisent, sous une forme schématique, les terrains sur lesquels ces événements se sont accomplis.

Pour quelques-uns d'entre eux nous avons mentionné cette particularité, en nota, dans le texte même de l'ouvrage.

∝ ×

La configuration générale de l'Indo-Chine présente, au point de vue militaire, trois aspects bien caractéristiques. D'abord, aussi bien au Cambodge et en Cochinchine qu'au Tonkin, on rencontre des plaines partagées en damiers par d'étroites digues en terre qui constituent les limites des rizières et servent à maintenir l'eau qui les submerge.

Entre ces plaines, la plupart du temps inondées, formées par les deltas des grands fleuves indo-chinois et la région montagneuse, se trouve, le plus souvent, formant une sorte de palier de transition, une région mamelonnée et boisée, couverte de bois aux lianes enchevêtrées, de bambous de toutes sortes, de lataniers ou de joncs. Cette puissante végétation rend la marche presque impossible en dehors des sentiers, qui sont généralement étroits, saturés d'humidité et peuplés de sangsues. C'est la région par excellence des surprises et embuscades, toujours meurtrières. Dans ces forêts, qui opposent souvent aux rayons solaires une voûte verdoyante impénétrable, la grande portée des armes modernes ne peut être utilisée, et leur efficacité ne dépasse pas celle des fusils à piston. Il ne peut non plus être question d'appliquer, dans ces terrains, les principes du combat moderne, car tout mouvement hors des sentiers tracés doit être précédé d'un lent et pénible travail de débroussaillement, que rend souvent difficile le feu ajusté et à bout portant des bandes pirates à l'affût.

Enfin, dans les régions montagneuses proprement dites, que l'on rencontre surtout sur la frontière chinoise, la végétation tropicale fait souvent place à des bois de bam-

bous aux tiges flexibles et à des joncs ou hautes
herbes aux feuilles tranchantes ; mais, le plus généralement, ces régions sont complètement dénudées et, du haut
d'un pic, on découvre alors, à perte de vue, un chaos de
pitons et de croupes arides, chevauchant en tous sens les
uns sur les autres.

C'est dans ces mêmes régions qu'on trouve les cirques
boisés, aux étroites issues, qui servirent souvent de refuge
aux bandes de pirates chinois avant la pacification complète du Tonkin.

Il résulte de cette configuration du sol indo-chinois que
la tactique contre l'ennemi que l'on est appelé à combattre, change suivant qu'on opère dans le Delta, dans la
région mamelonnée et boisée ou dans la région montagneuse avoisinant la frontière chinoise.

Nous avons donc été conduit logiquement, dans l'exposé
des principes tactiques à appliquer pour combattre ces
irréguliers, à rechercher les meilleurs procédés à employer, suivant que l'on s'engage dans une des trois régions précédemment décrites.

Dans toute opération coloniale, plus que dans les guerres européennes, les mesures à prendre pour l'entretien
de la troupe en vivres et en munitions constituent la pierre
d'achoppement de la réussite.

Aussi commencerons-nous notre exposé tactique —
ainsi que nous l'avons fait dans notre premier volume —
par l'exposé des règles concernant les renseignements,
la recherche des guides et l'organisation des convois. La
possession de renseignements et de bons guides est d'autant plus impérieuse que les cartes du pays dans lequel
on opère sont plus élémentaires. Quant aux raisons qui
imposent une bonne et rationnelle organisation des convois, elles sont évidentes si l'on considère que, lors d'un
soulèvement ou d'une opération de conquête, les popula-

tions des pays troublés sont obligées, de gré ou de force, de faire le vide autour de nos colonnes, en emportant tout ce qui pourrait servir à l'entretien de nos soldats.

Pour éviter les fausses interprétations, nous admettrons qu'en Indo-Chine le détachement qui nous servira de type dans la recherche des moyens les plus propres pour combattre avec succès les irréguliers chinois ou indo-chinois, comprendra une compagnie européenne de 200 fusils environ, une compagnie indigène de 250 fusils, une section d'artillerie, une ou deux mitrailleuses, 200 coolies et 20 mulets de bât. A cet effectif, nous ajouterons, comme auxiliaires, 10 ou 20 cavaliers ou fantassins montés et une trentaine d'indigènes armés, recrutés parmi les montagnards du pays, ou, dans les deltas, par les Linhs-cos de la région troublée. Ces auxiliaires serviront ordinairement à guider et éclairer le détachement, à porter les dépêches et faire le service d'agents de liaison entre plusieurs détachements combinant leurs opérations en vue d'un but commun.

Il reste donc entendu que les règles que nous exposerons visent de préférence les petits détachements dont l'effectif sera inférieur à 800 hommes d'infanterie, une batterie d'artillerie de montagne, deux sections de mitrailleuses, et qui seront suivis d'un convoi de 800 coolies environ et de 30 mulets. Ce sont là les détachements qui peuvent, dans l'espace de quelques heures au plus, traverser les terrains et les passages les plus accidentés et les plus difficiles, sans avoir besoin d'entreprendre des travaux dépassant les capacités techniques de l'infanterie.

CHAPITRE PREMIER

Renseignements et guides.

Actuellement, un chef de colonne chargé d'une opération au Tonkin et en Indo-Chine aura presque toujours à sa disposition des cartes suffisamment exactes pour pouvoir se faire une idée assez précise du pays dans lequel il devra opérer, avant de le parcourir. Toutefois, quoique à un degré moindre que dans les pays dont on possède les cartes, il est à conseiller de chercher, par des renseignements puisés auprès des notables ou des indigènes ayant parcouru le pays, à contrôler les indications données par la carte. Il faut surtout vérifier, suivant la saison et, par conséquent, suivant le nombre d'heures que l'on pourra consacrer à la marche, si les distances d'un point à un autre, indiquées par la carte, correspondent bien, dans la pratique, aux durées habituelles de marche indiquées par les règlements militaires. Cette précaution a son importance pour combiner les mouvements de plusieurs détachements et pour régler les heures du départ et, s'il y a lieu, de la grand'halte.

En outre, une distance à parcourir, mal appréciée, peut faire échouer une opération ayant pour but la surprise d'un repaire ou une embuscade sur un point de passage présumé d'une bande qui a opéré un coup de main sur des villages amis et emporté son butin dans la direction de son repaire ou vers les frontières de la colonie.

Lorsqu'on cherche à se renseigner sur les distances à

parcourir et sur l'état des chemins, il est préférable de
s'adresser aux coolies ou aux colporteurs des deux sexes
ayant parcouru ces chemins, en toutes saisons, pour les
besoins de leur commerce. En général, les paysans ne vont
guère au delà des limites de leur commune ; il ne faut
donc pas trop se fier aux renseignements qu'ils donnent
sur la viabilité des chemins du canton ou de la commune
menant au delà du marché le plus proche. Par contre, les
colporteurs, surtout les femmes et les Chinois, fournissent
le plus souvent des renseignements exacts, si on réussit
à obtenir d'eux la vérité, soit en faisant appel à leur cupi-
dité, à la crainte, soit enfin en les interrogeant séparément
pour contrôler l'exactitude de leurs dires. Les notables
des communes ou des cantons sont toujours très bien ren
seignés sur la nature et la viabilité des chemins. En désespoir de cause, en employant la menace et les petits
cadeaux, on peut souvent être suffisamment renseigné et
bien guidé par des femmes ou des enfants.

Parmi les renseignements désirables pour un chef de
colonne fixé déjà sur la longueur des chemins, il faut
classer ceux concernant les ressources en habitations, villages, pagodes, marchés, ponts couverts ou non et leur
nature, forêts de bambous ou de bananiers, rizières cul-
tivées ou non, prêtes à être moissonnées ou en herbe, etc.;
digues avec leurs dimensions et leur nature. Enfin, il faut
qu'une description détaillée des chemins et de la région
à parcourir mette d'avance le chef de la colonne en état
de pouvoir choisir le point à proximité duquel il compte
faire reposer sa troupe, et de prévoir les endroits où une
attaque ennemie pourrait se produire. En un mot, un chef
doit s'efforcer de connaître la longueur des chemins que
suivra son détachement, comme les ressources et leur
nature en toutes saisons, aussi bien que s'il les avait lui-
même parcourus en employant tous les moyens de loco-
motion en usage dans le pays.

Il est de toute évidence que, ces renseignements acquis, il reste encore à obtenir ceux concernant la composition et l'historique de la bande ennemie. Il faut s'enquérir du nom et du caractère du chef, du recrutement de la bande et de ses entreprises antérieures. On ne doit pas, en effet, concevoir un plan d'opérations rationnel et on ne peut supputer les projets de l'adversaire avec quelques chances de vraisemblance, que si l'on sait d'avance que l'on aura affaire à un chef lâche et rusé, ou à un chef entreprenant, hardi et d'un moral éprouvé. D'autre part, un chef de bande, quel que soit son tempérament, s'il est tant soit peu réfléchi et expérimenté, ne concevra pas une entreprise de la même façon suivant que sa bande se composera de partisans novices, peu entraînés et peu aguerris, ou bien de vieux routiers enhardis par des succès antérieurs.

Il est d'ailleurs à remarquer qu'un chef est généralement tenté d'appliquer, aussi bien dans la vie ordinaire qu'à la guerre, les procédés qui lui ont assuré le succès dans des entreprises antérieures, et dans lesquels il placera sa confiance tant qu'ils ne lui auront pas causé d'échec.

C'est pour cette raison qu'en dehors des procédés employés, en général, par tous les irréguliers dans leurs opérations et que nous développerons dans cet ouvrage, il est nécessaire de connaître autant que possible les procédés particuliers auxquels la bande ennemie a pu avoir recours dans ses entreprises antérieures. Mais nous insistons à nouveau sur ce fait que les meilleurs renseignements et les meilleures cartes ne sont pas un motif suffisant pour dispenser tout chef de colonne de chercher et de trouver un et même deux guides. Les raisons sont nombreuses. Une carte, parfaite il y a quelques années, et encore très satisfaisante pour diriger des grandes unités, renseignera insuffisamment le chef d'un petit détachement auquel une seule grande case nouvellement construite peut suffire comme cantonnement, un ponceau de quelques bambous récemment confectionné peut offrir un moyen sûr de passage rapide ; un sentier d'exploitation forestière à peine tracé constituera un chemin permettant un mouvement de flanc ; une récente plantation d'une rizière ou de canne à sucre assurera un abri propice pour échapper à un danger ou dresser une embuscade. De plus, pour lire la carte ou s'orienter, il faut voir clair. Pendant la nuit, une simple allumette brillant dans l'obscurité suffit pour faire échouer un coup de main. L'exemple que nous citons ci-après montre que la carte la plus parfaite et les meilleurs renseignements ne peuvent remplacer un bon guide dévoué, et qu'ils ne servent surtout qu'à le contrôler et, au besoin, à lui éviter des erreurs involontaires.

En 1897, étant sous les ordres du capitaine Debectrevel, du 2e régiment étranger, dans la région de Muong-Lum, après un engagement avec une bande pirate dont nous avions perdu le contact, le commandant Virgitti, qui avait la direction de plusieurs colonnes opérant dans cette région et qui avait rejoint avec ses troupes le groupe Debectrevel, nous chargea de rechercher les traces de la bande disparue, dans le but de continuer à la poursuivre et de la repousser au delà de la frontière chinoise du territoire militaire de Lao-Kay.

A la tête de 40 hommes environ, après quelques recherches le long des traces fausses laissées à dessein par les pirates de la bande pour nous dérober leur véritable ligne de retraite, nous réussîmes à trouver la piste qui avait été réellement suivie par toute la bande et qui menait vers leur nouveau repaire. Nous escaladions péniblement, depuis près d'une heure, un sentier obstrué de rochers et de brousse épaisse, lorsque, à notre grande surprise, le guide qui nous accompagnait refusa de continuer la marche, malgré toutes nos menaces ou les pièces d'argent que nous lui offrions. Devant son insistance, nous fîmes abriter notre détachement derrière un seuil rocheux qui dominait transversalement le sentier que nous escaladions, et nous nous mîmes en devoir de lui demander les raisons qui lui faisaient refuser obstinément de continuer à nous accompagner dans notre marche en avant.

« C'est bien simple, nous répondit-il à mi-voix, j'ai fait ce chemin il y a quatre jours. Vous voyez cette branche couverte de lianes gisant en travers du sentier que nous suivons : elle n'y était pas et, sûrement, elle n'a pas pu pousser en si peu de temps ; donc elle a dû être placée là par les pirates, et si elle vous paraît, à vous, comme une partie naturelle de la forêt, c'est parce qu'elle est coupée fraîchement ; la brousse épaisse vous empêche de distinguer sa tige coupée. »

Le guide n'avait pas encore terminé ses explications que des voix se firent entendre à quelques dizaines de mètres du seuil où le détachement s'était caché. Bientôt, quelques pirates apparurent vaguement à travers le feuillage, armés de coupe-coupe, dans l'intention de continuer à barrer le sentier à l'aide d'abatis qu'ils avaient commencés peut-être la veille.

La bande tout entière, comptant 400 pirates environ, s'était réfugiée dans un cirque rocheux dont la seule issue facilement praticable se trouvait sur le sentier suivi par la reconnaissance et à peine à 80 pas du seuil où elle s'était abritée. Sans la connaissance parfaite des lieux que possédait le guide, une partie du détachement qui cheminait souvent hors du sentier et était attentif à éviter le moindre bruit, tombait à son insu au milieu d'un poste pirate composé d'une quarantaine d'hommes et soutenu par toute la bande, qui reposait à quelque cent mètres de là. L'issue d'une pareille aventure aurait pu être fatale au détachement, tandis que, grâce au guide, la reconnaissance put remplir sa mission aussi complètement que ses instructions écrites le lui permirent ; elle n'eut qu'un seul tirailleur tonkinois blessé, malgré les avantages du lieu, du nombre et de l'armement qui militaient en faveur de la bande pirate.

Donc, un guide expérimenté et dévoué, qui connaît parfaitement l'aspect habituel du pays parcouru, est un moyen précieux pour la bonne conduite surtout d'un petit détachement ; il sert, pour ainsi dire, d'antennes au chef de la colonne. En avoir deux avec soi constitue une réelle bonne fortune.

En terminant, nous citerons les missionnaires vivant dans le pays — lorsqu'ils consentent à nous aider dans nos entreprises — comme source précieuse de renseignements.

Nous nous sommes assez étendu, dans notre volume I, sur la façon d'interroger et d'employer les guides et la manière d'induire l'adversaire en erreur sur les desseins du chef de la colonne, pour qu'il soit nécessaire de le faire à nouveau.

CHAPITRE II

Organisation des convois et composition des colonnes pour une opération dans les deltas et régions boisées.

DELTAS ET RÉGIONS BOISÉES MI-MONTAGNEUSES

Les porteurs sont les moyens de transport fournis par les indigènes des deltas et des régions boisées mi montagneuses ; mais, actuellement, en Indo-Chine, les troupes peuvent posséder, pour les opérations militaires, quelques *chevaux du pays* susceptibles de porter des charges d'un poids de 50 à 60 kilogrammes. Toutefois, pour un petit détachement décidé à poursuivre une bande, coûte que coûte, partout où elle sera tentée de se réfugier, rien ne peut remplacer le porteur. Malgré leur adresse, les petits chevaux peuvent s'embourber en suivant une digue détruite sur une certaine longueur. Leur présence peut exiger un certain temps et certains travaux pour leur permettre de traverser un arroyo vaseux de quelques mètres seulement de largeur ; enfin, ils ne peuvent pas utiliser comme chemin une piste de bête fauve. Parmi les inconvénients qu'ils présentent, on peut également citer le défaut qu'ils ont d'être batailleurs et de hennir à tout propos, ce qui les rend impropres à accompagner une troupe chargée d'exécuter une surprise.

Pour les petits détachements qui opèrent en Indo-Chine, dans les deltas où le pays est très peuplé et cultivé, les convois ne sont pas aussi considérables que pour ceux qui opèrent en Afrique. Leur organisation est donc plus aisée, ainsi que leur défense. Le commandant d'un détachement chargé d'une opération peut, par suite, confier leur direction à un sous-officier intelligent, énergique et parlant quelque peu la langue du pays.

Il importe, surtout, de ne pas perdre de vue que les porteurs sont des hommes, comme les soldats composant le détachement et, par conséquent, aussi sensibles qu'eux aux fatigues, aux maladies et aux bons traitements. Il est donc de toute nécessité de les munir, en été, de grands chapeaux du pays et de ne pas croire que, comme indigènes, ils n'ont rien à craindre du soleil ou de la chaleur. L'indigène qui va au soleil sans chapeau ne le fait que parce qu'il est trop pauvre pour en acheter un. Les coolies doivent être pourvus, en hiver - - à défaut d'effets ouatés — d'une bonne couverture de laine et, pendant la saison des pluies, d'un manteau imperméable en feuilles de latanier de fabrication indigène. En général, le grand nombre de coolies morts pendant la conquête du Tonkin fut dû bien plus aux privations et aux intempéries qu'ils eurent à supporter, qu'aux fatigues causées par la longueur des marches ou la lourdeur de leur charge.

Des coolies, surtout professionnels, bien nourris, bien protégés contre les intempéries et bien traités, suivront toujours sans faiblir n'importe quelle troupe, aussi longtemps que cette dernière pourra continuer à marcher.

Les coolies chinois sont incontestablement d'un rendement supérieur, mais aussi d'un maniement plus délicat et d'une fidélité moins certaine, lorsqu'on opère dans les régions frontières.

Pour un seul coolie, la charge moyenne, portée aux deux extrémités d'un bambou, ne doit pas dépasser 25 kilos, auxquels on peut ajouter, le premier jour, 5 kilos pour sa nourriture de quatre jours et sa couverture. Un Chinois, dans les mêmes conditions, peut encore porter 5 kilos de plus.

Lorsque les coolies portent à deux, on peut compter au maximum 20 kilos par coolie, plus 8 kilos, le premier jour, pour leur nourriture de quatre jours et leurs couvertures.

Il y a intérêt à ne jamais atteindre le maximum que nous venons d'indiquer, si les marches à prévoir dépassent, dès le premier jour, une durée de sept heures et si les opérations doivent s'effectuer pendant plus de quatre jours consécutifs.

Le chef du convoi doit veiller avec sollicitude à ce que les coolies touchent intégralement leur ration de riz, et surtout de sel, et qu'il leur soit toujours accordé un temps suffisant pour préparer et prendre leur nourriture. De plus, il serait bon de leur allouer une ration de feuilles dont se servent les indigènes pauvres pour faire des infusions se rapprochant de celle du thé. L'observation de cette précaution évitera la perte de plus d'un coolie, habituellement miné par la diarrhée provenant de l'absorption gloutonne, pendant son rude labeur, d'une eau de qualité suspecte, rencontrée au cours de la marche.

Le chef du convoi doit donner aux coolies toute facilité pour choisir et approprier leurs bambous porte-charges ainsi que les liens nécessaires. Sous aucun prétexte il ne doit permettre qu'ils en soient frustrés, car le bambou porte-charges est un véritable outil, qui doit convenir à la conformation de l'épaule, à la lourdeur et à la nature de la charge, à la force et à la taille du porteur, comme une rame convient plus ou moins à un rameur d'une taille et d'une force données et à la nature du canot mis en mouvement.

Lorsque plusieurs coolies doivent porter une même charge, le chef du convoi doit les choisir de même taille et de même force et, de préférence, si c'est possible, les laisser libres de s'accoupler suivant leur sympathie ou leurs origines.

Il est bon de rappeler que les charges portées par des coolies non accouplés allongent le convoi, inconvénient qui n'a pas besoin d'être commenté.

Chaque groupe de dix à douze coolies doit être commandé par un indigène désigné comme *cai* (caporal) ; ce *cai* doit provenir de la même région que les coolies ou être un tirailleur.

Souvent, on est tenté de nommer chef des coolies un indigène sachant parler le français; cette connaissance n'implique quelquefois aucune garantie d'un bon commandement et même, en agissant ainsi, on donne fréquemment aux coolies, au lieu d'un chef, un exploiteur : un indigène quelque peu aisé ou petit notable d'un village conviendrait infiniment mieux. On ne doit pas non plus donner, comme chef d'un groupe de coolies, un indigène d'une origine différente ; ainsi, par exemple : à des coolies thais on ne doit pas donner un *cai* annamite, sauf, bien entendu, si l'encadrement doit être constitué par des indigènes servant comme soldats dans l'armée indo chinoise. Moins le coolie se sentira dépaysé, mieux il sera traité et plus on pourra se montrer exigeant sans le rebuter et le pousser à s'enfuir, au mépris souvent de la mort dont il pourrait être menacé par les soldats de l'escorte.

Enfin, le commandant du détachement lui-même doit veiller à l'exécution de ces prescriptions et ne pas hésiter, au besoin, à donner personnellement ou à faire donner par un de ses sous-officiers la solde aux coolies, qui doivent être scrupuleusement payés.

Pour trois groupes de 12 coolies, on doit nommer un sergent ou *doï coolis*.

Les petits détachements auront rarement un convoi comportant plus de 200 coolies, sauf lorsqu'ils auront à faire porter, en plus du convoi, deux pièces de montagne ou une mitrailleuse.

Pour un convoi de 200 à 400 coolies, un adjudant et

deux sergents européens avec quatre sergents indigènes doivent suffire. Un sergent européen, secondé par deux sergents indigènes parlant le français et la langue des coolies, suffira le plus souvent pour le commandement d'un petit détachement.

Lorsque les convois, dans tous les terrains, sont encadrés par des notables indigènes, ceux-ci doivent être surveillés par des soldats indigènes à raison de 5 pour 100 coolies, qui serviront à transmettre les ordres du chef de convoi.

Les chefs coolies doivent porter sur la poitrine leur insigne de grade de *cai* ou *doi* et les coolies, un numéro d'ordre peint sur deux carrés de toile de 10 centimètres de large environ et cousus sur leur *kédo*, au milieu de la poitrine et au milieu du dos. Sur l'étiquette des coolies brancardiers, des porteurs de munitions et de l'artillerie, on doit ajouter, à côté du numéro, la lettre B (brancardiers, infirmiers) ou A (artillerie).

Etant donné que le réseau routier de l'Indo-Chine se développe de jour en jour, on peut, à l'avenir, dans certains cas spéciaux, envisager dans la conception du ravitaillement d'un détachement en opérations actives, un convoi sur roues. Ce convoi représente, en quelque sorte, des magasins mobiles, destinés au réapprovisionnement des convois à dos d'homme ou de cheval et qui suivront, à travers tous les terrains, le détachement en opérations actives.

RÉGION DE MONTAGNE

Pendant la conquête du Tonkin, les troupes opérant dans les régions montagneuses n'ont eu, en général, pour porter leurs bagages, que des coolies ; mais, après la conquête proprement dite, on se servit — et on se sert actuellement — de préférence, de petits chevaux, conduits par des métis chinois, et qui se montrent d'une souplesse et d'une habileté merveilleuses pour gravir les sentiers les plus abrupts ou descendre dans le fond des ravins ou des torrents les plus accidentés. Toutefois, pour un détachement appelé à poursuivre à outrance une bande pirate à travers tous les obstacles du terrain, nous préférons les coolies annamites, chinois, ou moïs qui portent leurs charges individuellement, soit sur le dos, soit sur l'épaule (suivant leurs préférences et leurs coutumes), parce qu'un coolie, même chargé, peut suivre les soldats dans tous les terrains.

Mais il est bien entendu que l'emploi des petits chevaux du pays, qui se nourrissent au besoin d'herbe, étant très supérieur comme rendement à celui des coolies, il sera toujours préférable, lorsque le détachement devra être suivi par un convoi contenant plus de quatre jours de vivres, d'avoir recours aux petits chevaux. Dans ce dernier cas, le convoi peut être divisé en deux sections :

1° *La section de combat*, composée des coolies brancardiers et des coolies portant deux jours de vivres (pour les soldats et pour eux), les popotes et une réserve de munitions de 40 cartouches par homme ;

2° *La section de réserve*, composée de petits chevaux, portant les bagages des officiers et de la troupe, la réserve de munitions de l'infanterie et de l'artillerie, s'il y a lieu, le reste des vivres pour les soldats et les coolies, les outils et coupe-coupe de rechange, la cantine de médicaments et tous autres objets que le commandant du détachement jugera bon d'emporter, tels que les lits des officiers, les tables, les pliants et les tentes des officiers et de la troupe.

Les convois, dans la région de montagne, doivent être embrigadés, sectionnés et conduits d'après les mêmes principes que ceux indiqués pour la conduite des convois dans les deltas.

Il serait bon, dans la région montagneuse, de distribuer

aux coolies les peaux de bœufs ou de buffles abattus pour leur permettre de se confectionner des sandales.

COMPOSITION D'UNE COLONNE DEVANT OPÉRER DANS LES DELTAS

Dans les deltas, comme nous l'exposerons en détail dans le chapitre relatif au combat, les troupes seront appelées, le plus souvent, à enlever d'assaut des digues ou des ponts très solidement défendus et fortifiés, des villages qui auront été rendus inabordables, sur une grande partie de leur front, à l'aide d'inondations artificielles ou naturelles ou au moyen de haies vives de bambous épineux et gigantesques, défiant la hache et le coupe-coupe. Enfin, elles se trouveront souvent forcées d'enlever de vive force une pagode dont les murs, bâtis en ciment et briques cuites, sont à l'épreuve de la balle du fusil 1886. Aussi la guerre dans les deltas aura-t-elle, le plus souvent, le caractère d'une guerre de siège, d'attaque et de défense de défilés et de lieux habités.

Les larges nappes d'eau qui couvrent le sol dans toutes les directions, les nombreux canaux et rivières qui sillonnent en même temps ces plaines inondées, influent également sur la forme des opérations qui s'y déroulent et permettent souvent l'intervention de canots armés, de jonques de guerre et, quelquefois, de canonnières munies de canons à tir rapide et tirant l'obus de rupture chargé de mélinite.

Pour une opération dans les deltas, un détachement devrait comprendre surtout de l'infanterie à laquelle on adjoindrait quelques pièces d'artillerie pour détruire les obstacles et une section de mitrailleuses pour défendre ou dégager certains défilés, tels que digues, entrées de villages fortifiés et défendus, etc. Quelques cavaliers ne seraient pas inutiles et rendraient souvent de grands services pour la rapide transmission des ordres et le maintien de la liaison entre plusieurs détachements agissant de concert contre des villages ou des centres fortifiés.

Le détachement opérant dans les deltas devrait être pourvu de grenades à main et de fusées incendiaires en vue de l'assaut et de la destruction des habitations fortifiées et défendues.

En outre, il doit emporter des petits paniers et des bambous assez forts qui serviront pour le passage des rivières, des canaux, des fossés et des marais qui défendent généralement l'accès des points occupés par les bandes. Pour utiliser les petits paniers du pays, sans risquer de les voir chavirer lorsqu'ils sont montés par les soldats-européens chaussés et en armes, il conviendrait de les jumeler à l'aide de trois bambous et d'en garnir le fond avec de la paille de riz. Si la nappe d'eau est couverte d'herbes qui empêchent les paniers jumelés d'avancer, ou si. pour toute autre raison, on ne veut pas les jumeler, il faut, pour les rendre suffisamment stables. fixer à l'aide de cordes, sur les côtés et à 15 centimètres plus bas que le milieu des bords supérieurs du panier, deux bambous de la longueur du panier et d'un diamètre égal au moins à 10 centimètres. On relie ensuite ces bambous à leurs deux extrémités et au panier, à l'aide de cordes ou de *kélates*. Ainsi encadré de deux bambous qui lui servent de flotteurs, un petit panier peut facilement porter un rameur et cinq Européens en armes ; dans tous les cas. il ne doit jamais être chargé au point que le niveau de l'eau arrive à moins de 15 à 20 centimètres de ses bords, suivant que l'on traverse un lac, un marais ou un cours d'eau.

Lorsque les soldats européens s'embarquent, chaussés et en armes. dans des paniers non jumelés, ils attachent leurs armes autour du bambou qui est fixé au milieu et sur les bords du panier et qui tient ces bords écartés. Le fond du panier est recouvert de paille. d'herbe ou d'un treillage en bambous, qui le préservent des atteintes des chaussures et empêchent les hommes de glisser.

Les hommes doivent être en tenue de toile, avoir sur eux une tenue de rechange en molleton et porter, en plus de leur équipement réglementaire, un coupe-coupe ainsi que, si possible, quelques mètres de corde, de façon à pouvoir établir rapidement, s'il y a lieu, un garde-fou pour le passage des rivières à courant rapide que l'on veut traverser à gué, ou organiser un va-et-vient des paniers, si la rivière doit être traversée en paniers accouplés.

Pour prémunir les hommes contre les maladies et accidents, le chef de détachement doit faire rédiger, par le médecin de la troupe, une instruction résumant les précautions à prendre et les remèdes à employer contre la mauvaise qualité de l'eau, les coups de soleil ou de chaleur, les piqûres des sangsues et des bêtes venimeuses, ainsi que les soins à donner aux pieds pour les préserver des plaies et des maladies occasionnées par les boues et les épines des bambous qui couvrent les abords des villages des deltas.

Le médecin et tous les gradés du détachement veilleront minutieusement à l'observation des prescriptions hygiéniques portées à la connaissance des hommes, qui, le plus souvent, n'en tiennent aucun compte s'ils n'y sont pas forcés.

Il est indispensable qu'en dehors des instruments de chirurgie, la cantine médicale contienne surtout de la quinine en pilules de 10 centigrammes pour servir de quinine préventive, de l'ammoniaque et de l'éther pour les cas d'ivresse et d'insolation, du laudanum pour les coliques et les diarrhées et de l'ipéca pour les embarras gastriques. Chaque homme portera en outre, sur lui, un paquet de pansement individuel, placé dans une pochette spéciale, et sa plaque d'identité.

Les tirailleurs tonkinois doivent tous être pourvus de sandales.

COMPOSITION DES COLONNES OPÉRANT DANS LES RÉGIONS MONTAGNEUSES ET MI-MONTAGNEUSES

Leur composition est, dans les grandes lignes, identique à celle que nous avons donnée pour les troupes opérant dans les deltas. Toutefois, il est évident qu'un détachement opérant en dehors des deltas peut se dispenser de traîner à sa suite des paniers et des bambous pour la traversée des cours d'eau : les moyens de passage nécessaires se trouveront aux environs immédiats, lorsque exceptionnellement on sera appelé à traverser un cours d'eau non guéable.

L'attention du chef se portera, de préférence, sur la chaussure et les vêtements chauds qui sont indispensables pendant les nuits humides et glaciales que les hommes pourront être appelés à passer sur les sommets des pics et des croupes, qui servent souvent de lieu de passage aux voies de communication tracées par les indigènes et de lieu de refuge aux bandes pourchassées vigoureusement.

Dans les régions montagneuses et contre les bandes irrégulières dépourvues d'artillerie, les mitrailleuses seront préférées aux pièces d'artillerie pour des raisons que nous exposerons dans le chapitre traitant du combat en montagne. Il serait, en outre, d'une grande utilité de disposer d'un peloton de 15 à 20 fantassins montés qui, accompagnés d'une ou de deux mitrailleuses, pourraient très souvent décider du succès.

CHAPITRE III

Des marches.

Dans les deltas, la vitesse de marche est très variable, elle dépend de l'état des chemins et des digues qui séparent les rizières de la plaine inondée, du nombre des coolies porteurs et de la bonne organisation du convoi. Il serait prudent, en temps normal, pour un petit détachement, de ne pas compter sur une vitesse supérieure à trois kilomètres à l'heure.

L'allongement dépend beaucoup de l'état des chemins et de la température. Il faut compter environ 20 mètres par 100 soldats ou coolies.

Il y a avantage, dans les deltas, à fractionner le convoi en faisant suivre chaque fraction constituée par la *section de combat* qui comprendra les coolies brancardiers, les coolies porteurs de munitions et ceux portant les popotes des officiers et de la troupe. On relègue ensuite les autres coolies à la gauche de toutes les troupes, dans la section que nous appellerons la *réserve du convoi*, et qui sera, pendant la marche, sous la surveillance directe du sergent européen commandant le convoi de toute la colonne. Dans cette section, les porteurs des diverses fractions constituant la colonne seront placés dans le même ordre de marche que ces fractions.

Dans les deltas, les combats se livrant surtout sur des

étroits défilés, digues, ponts, sentiers aux flancs impraticables, ou chemins de villages bordés de lianes presque infranchissables, ce sont, le plus souvent, les têtes de colonnes qui décident du succès. C'est, par suite, la bravoure individuelle qui est surtout en jeu et non pas le nombre. Il n'y a donc aucun inconvénient à séparer les diverses fractions constituées (compagnies, batteries et infanterie montée) en les faisant suivre immédiatement, pendant la marche, de leur *section de combat*. Cette disposition présente, au contraire, l'avantage suivant : si, à proximité de l'ennemi, ou en vue du point à enlever, le chef de colonne décide de faire exécuter par une de ses fractions un mouvement tournant ou de flanc, la fraction ainsi désignée peut se mettre en marche pour remplir sa mission, en se faisant suivre, sur-le-champ, par les coolies qui portent ce qu'il peut être nécessaire d'avoir sous la main pendant le combat lui-même : brancardiers et infirmiers, munitions de réserve (40 cartouches par homme) et moyens de faire cuire et prendre le repas du jour.

Cette organisation offre, au surplus, l'avantage de faciliter la surveillance des coolies du convoi et de diminuer l'allongement de leur file indienne. D'ailleurs, les coolies se sentent mieux rassurés lorsqu'ils voisinent avec les soldats dont ils portent les vivres et qu'ils finissent par suivre instinctivement, avec plus de confiance que s'ils étaient relégués loin derrière eux, car rien ne décourage autant les coolies que de se voir entourés d'une cohue de coolies ou de soldats, aux visages inconnus, appartenant à une région ou à des postes autres que les leurs.

Si le détachement, y compris les coolies du convoi, a un effectif supérieur à 400 hommes, environ ; s'il comprend, en outre, une section d'artillerie de montagne ou une section de mitrailleuses, il n'est pas nécessaire de se conformer aux prescriptions réglementaires concernant les haltes horaires, car l'état des digues et le service d'exploration imposeront, en général, d'assez fréquents arrêts qui peuvent, le plus souvent, être considérés comme autant de haltes horaires. Toutefois, en Extrême-Orient. l'examen attentif de l'état physique des hommes constitue la meilleure indication sur les haltes à faire ou la longueur de l'étape à parcourir. Par des chaleurs excessives et entre 10 heures du matin et 4 heures du soir, si le chef est obligé de continuer sa marche, il ne doit pas craindre de multiplier les arrêts et de profiter des endroits où règne une fraîcheur relative pour faire souffler la troupe et les coolies du convoi.

Chaque fraction constituée, suivie de sa *section de combat*, doit marcher comme si elle exécutait une marche pour son propre compte et, pour cela, elle doit être séparée de la fraction constituée suivante par un intervalle égal, approximativement, à la longueur du convoi de la fraction qui la précède. Cet intervalle n'est pas exagéré ; car, fréquemment, les liens des bambous se rompent, les coolies glissent et tombent, culbutant leurs charges dans les rizières, et ces temps d'arrêt produisent des à-coups énervants pour les troupes et les coolies qui suivent. Sans les intervalles indiqués, ces à-coups seront inévitables, parce que la troupe suit, presque toujours, des digues étroites qui ne permettent guère aux coolies arrêtés par des accidents de dégager la piste suivie.

Lorsqu'on est en marche à la recherche de l'ennemi, il ne peut être question de fixer d'avance l'étape de la journée : le mieux, pour un petit détachement, est de se résoudre à passer les nuits ou les heures de repos aux emplacements imposés par la nécessité d'obtenir le résultat cherché, qui doit être toujours de joindre l'ennemi. D'ailleurs, l'obligation de procurer aux troupes un repos d'une sécurité relative doit aussi entrer en ligne de compte.

Il serait pernicieux, pour une vigoureuse et intelligente offensive, de s'arrêter à un point fixé d'avance, sous prétexte que, ce point atteint, la troupe a fourni une marche suffisante. Il peut, en effet, arriver qu'au point fixé comme terminus de la marche, des renseignements feront considérer comme plus profitable au but poursuivi de continuer encore la marche pendant quelques heures. D'autre part, les renseignements reçus pourront démontrer, exceptionnellement, comme avantageux de revenir quelque peu en arrière, pour se porter de là sur un point offrant plus de sécurité ou permettant soit de mieux dissimuler, s'il y a lieu, la présence de la troupe, soit de prendre, le lendemain, un sentier menant vers les derrières de l'ennemi.

Cette règle de conduite a surtout une grande importance dans la poursuite d'une bande et les soldats du détachement doivent être habitués à ne songer au repos, après une journée de dur labeur, que si la marche accomplie les a mis dans une situation tant soit peu plus avantageuse que celle de la veille en vue du but qu'ils doivent poursuivre : accrocher l'ennemi coûte que coûte.

Etant donnée la nature des chemins, les formations de marche, dans les deltas, se réduisent le plus souvent à une marche en file indienne. Les allongements et la faible capacité manœuvrière de la troupe résultant de cette longue théorie de soldats se mouvant sur un sentier gluant et étroit, ne peuvent être quelque peu compensés que par une observation constante de la discipline de marche par les soldats et les coolies et par une surveillance incessante des cadres.

MARCHES DANS LES RÉGIONS BOISÉES MI-MONTAGNEUSES ET DANS LES RÉGIONS MONTAGNEUSES

Dans ces régions, la vitesse de marche, la profondeur et l'allongement des colonnes sont à peu près les mêmes que dans les deltas, lorsque le détachement suit le fond des ruisseaux ou les sentiers tracés par les indigènes pour passer d'une vallée à une autre.

Par contre, dès qu'on s'engage dans une région franchement montagneuse, on doit chercher à appliquer, le plus possible, les principes qui régissent les marches des troupes alpines.

Les haltes, sur les sentiers de montagne, doivent être prescrites toutes les trente à quarante minutes ; elles peuvent parfois être écourtées. Les montées exigent de bonnes jambes et surtout de bons poumons ; les descentes fatiguent surtout les jambes.

Lorsqu'un chef exécute une marche, soit en plaine, soit en montagne, son but doit être de garder en tout temps sa troupe unie, groupée et aussi fraîche que possible ; il est dangereux d'atteindre un sommet ou un col avec des têtes de colonnes essoufflées, après avoir égrené ses hommes et ses coolies de convoi, depuis le pied de la montée jusqu'au sommet à atteindre. Cet inconvénient, que nous signalons, est rarement évité par les chefs de troupe impatients de joindre l'ennemi. Le motif de la transgression de cette règle, toute de bon sens, est louable, mais le fait qui en résulte et que nous signalons a causé, pendant la conquête du Tonkin, plus d'un échec et plus d'un désastre à des détachements menés par de jeunes officiers aussi ardents à joindre l'ennemi qu'inconsidérés et inexpérimentés.

En admettant que le fait d'observer la règle de prudence que nous venons d'établir puisse quelquefois permettre à l'ennemi de s'échapper, le dommage subi est négatif ou réparable avec de la persévérance et de l'énergie ; mais sa transgression peut conduire à un échec positif et irréparable. D'ailleurs, comme nous l'avons expliqué dans notre volume I, une troupe régulière ne peut presque pas lutter de vitesse avec les irréguliers ; c'est seulement en mettant en œuvre l'énergie, la persévérance, la ruse et l'endurance dont une troupe et le chef sont capables, que les détachements réguliers réussiront à atteindre les bandes des irréguliers qui évitent leur contact.

On ne peut mieux comparer les déplacements d'un détachement en montagne qu'à ceux d'un ver de terre.

Lorsque la tête du détachement atteint un palier qui peut offrir un espace suffisant pour donner le repos nécessaire aux hommes et au convoi, le chef du détachement doit arrêter les premiers éléments, grouper la colonne et se mettre à même de juger rapidement par lui-même l'état physique et moral des hommes, avant de détendre à nouveau la colonne en remettant la tête en marche.

Le chef aimé de sa troupe, celui qui peut lui demander des efforts répétés en faisant appel à son dévouement et non en usant des rigueurs et de la contrainte de la discipline, ne cesse de rester en contact avec elle, de l'ausculter, pour ainsi dire, à tout instant; il s'inquiète des moyens propres de répit, avant que, par suite d'épuisement, elle ne puisse répondre à ce qu'il peut attendre d'elle.

Avec une troupe médiocre, il faut se résoudre à n'entreprendre que des opérations répondant à l'outil que l'on possède ; vouloir tenter quand même des entreprises exigeant une troupe d'élite, c'est aboutir infailliblement à ruiner les hommes que l'on dirige et se trouver bientôt réduit à l'impuissance.

Pendant la conquête du Tonkin, nous avons curieusement observé, pendant les longs mois consacrés aux marches de poursuite et aux recherches des bandes pirates, les divers chefs qui dirigeaient les opérations confiées aux garnisons de la province d'Hung Hoa. Avec les mêmes soldats, un chef parvenait à parcourir, pendant plusieurs mois et en tous sens, la province entière, toujours suivi, presque gaiement, par ses hommes et les coolies de ses convois, alors qu'un de ses successeurs, aussi ardent qu'inconsidéré, essaimait, dans l'espace d'une semaine, le tiers de ses hommes et la moitié de ses coolies, malades et épuisés, dans tous les postes qu'il traversait et ne conservait, en fin de compte, qu'un petit noyau de gens rebutés et ne continuant à le suivre que par esprit de discipline ou amour-propre. Ce dernier conduisait ses hommes comme un mécanicien insouciant qui met sa machine en marche, l'arrête et l'actionne de nouveau sans s'inquiéter du graissage ou des fuites de vapeur : il commandait : « En avant », « Halte », et ordonnait de repartir après avoir accordé un temps quelconque pour manger et se reposer. Le premier, au contraire, vivait avec ses hommes, partageait souvent leur repas, veillait sur eux pendant les marches, s'inquiétait de la chaleur, observait leur figure congestionnée ou leur démarche lasse et défaillante, leur parlait et leur expliquait, tout en cheminant près d'eux, ses projets et ce qu'il comptait faire pour les récompenser s'ils l'aidaient à atteindre le but poursuivi ; il veillait à ce que les gradés, suivant les circonstances et les fatigues endurées, soient plus ou moins exigeants sur les questions momentanément étrangères à la réussite de l'opération projetée ; en un mot, il conduisait ses hommes comme des amis, comme de véritables collaborateurs qu'il faut, à tout prix, intéresser à la réussite de l'entreprise.

Disons en terminant que, dans toutes les marches, on doit conseiller aux hommes de boire sans gloutonnerie, veiller à ce qu'ils remédient le plus tôt possible à la gêne ou à la douleur que peuvent leur causer leurs habits ou leurs chaussures. Il faut profiter de la fraîcheur pour prolonger la durée de la marche, afin de pouvoir, pendant les heures chaudes, diminuer les fatigues et augmenter la durée des repos. Ne pas oublier qu'accélérer, une seule fois, l'allure de la marche pendant plusieurs heures sans motif évident et urgent, c'est rendre plus d'hommes indisponibles pour la marche suivante que n'en donnerait une augmentation du nombre des heures de marche pendant plusieurs jours ; c'est aller au-devant de déceptions et de déboires

CHAPITRE IV

Service de sûreté en marche.

Dans les deltas, le service de sûreté en marche est facilité par la nudité relative des plaines et la rareté des chemins.

En général, la surprise n'est à craindre que pendant la traversée des villages et lorsque la troupe parcourt les grandes digues, dites mandarines, qui sont jalonnées de villages aux clôtures de haies en bambous, de ponts couverts et de pagodes avec enclos emmurés et parois faites de maçonneries ou de planches en bois dur.

Entre deux villages, il suffit donc d'être éclairé et protégé en tête et en queue ; une flanc-garde sera rarement nécessaire.

Le feu des irréguliers n'est à redouter, en général. que lorsqu'on passe à portée de leurs positions (à moins de 400 à 600 mètres). Aux distances supérieures. les irréguliers eux-mêmes ne se sentent pas capables de rendre leur feu efficace : d'abord parce que leur instruction sur l'emploi de la hausse est le plus souvent très rudimentaire ; ensuite parce que, redoutant la riposte ennemie. ils préfèrent agir par surprise et par un feu à bout portant pour tâcher de désorganiser les têtes de colonne des troupes régulières. Nous avons déjà fait observer que ce sont ces dernières qui, dans les luttes coloniales. décident le plus souvent du succès. Donc, en désorganisant les têtes de colonne

par des attaques à bout portant et presque toujours meurtrières, les irréguliers se donnent soit le temps de fuir, —
s'ils jugent à propos, après ce premier succès de surprise,
de ne pas prolonger la lutte, — soit l'avantage d'entamer
l'action en obligeant l'adversaire à sauver ses blessés et
ses morts d'une cruelle mutilation et à engager ainsi la
lutte dans des conditions tactiques et morales désavan-
tageuses.

En effet, les points d'où ils déclanchent ces attaques
par surprise sont toujours choisis par les irréguliers
avec une habileté consommée, qui leur assure tous les
avantages du feu et de la manœuvre. Ils choisissent, en
général, le débouché d'un pont battu par les feux d'une
pagode en maçonnerie, près de l'entrée d'un village entouré d'eau et de haies de bambous infranchissables ; une
digue longeant un bois, dont elle est séparée par un marais
ou une rizière vaseuse, inondée ; et enfin, le débouché de
grands champs de cannes à sucre ou de joncs aux feuilles
tranchantes, qui dissimulent aux troupes — qui les traversent en suivant un sentier à peine tracé — une pagode ou
une lisière de bois précédée d'une rizière à semis et située
sur une élévation du terrain.

Des croquis que nous donnons des principaux endroits
choisis par les irréguliers pour tendre leurs embuscades
dans les deltas ou pour entamer la lutte, il est facile de
déduire, dans leurs grandes lignes, les règles de sûreté
que les colonnes doivent observer pour éviter les surprises.

Contrairement à ce qui est recommandé en Europe,
on doit éviter de mettre à la pointe d'avant-garde un officier et même un sous-officier européen. En Extrême-
Orient, un indigène né au milieu de cette nature insolite
ou bizarre s'oriente, se reconnaît et voit mieux qu'un
Européen, surtout peu observateur ou nouvellement arrivé
dans la colonie. Sa présence à l'extrême pointe est donc

superflue ; elle est, de plus, une cause de soucis pour le chef de détachement et peut devenir dangereuse.

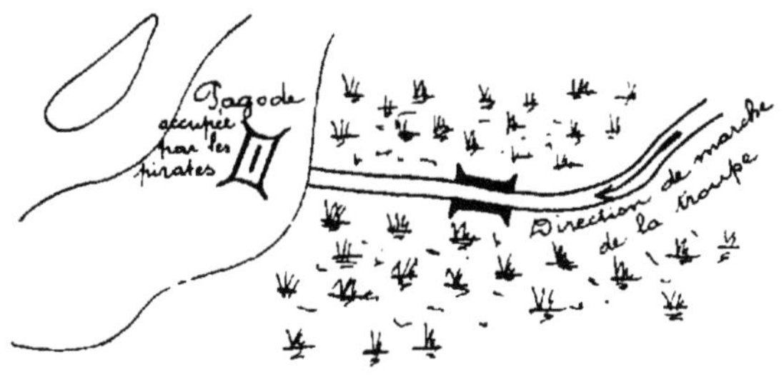

Fig. 1.

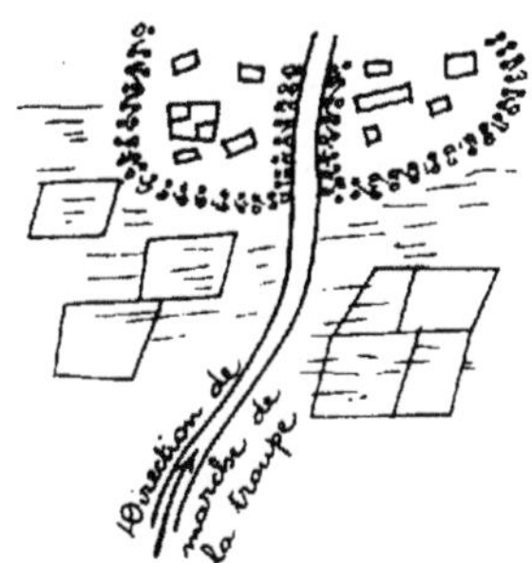

Fig. 2.

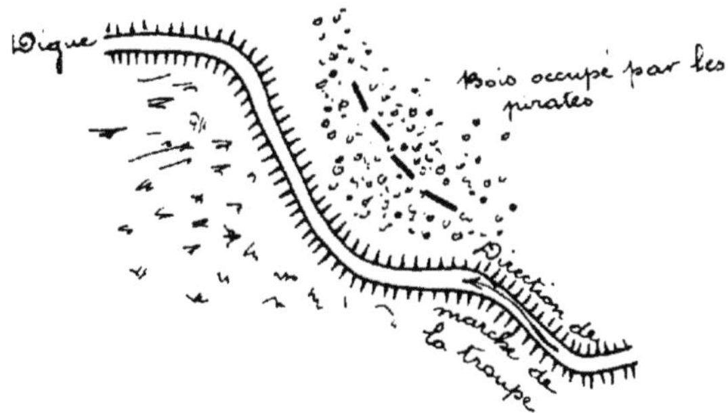

Fig. 3.

Fig. 4.

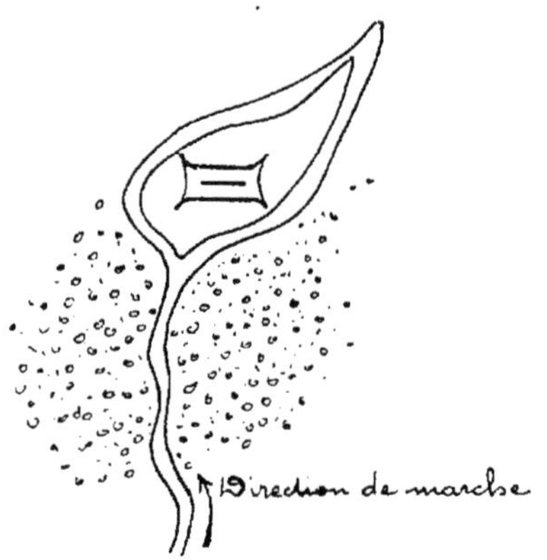

Fig. 5.
Pagode occupée par les pirates.

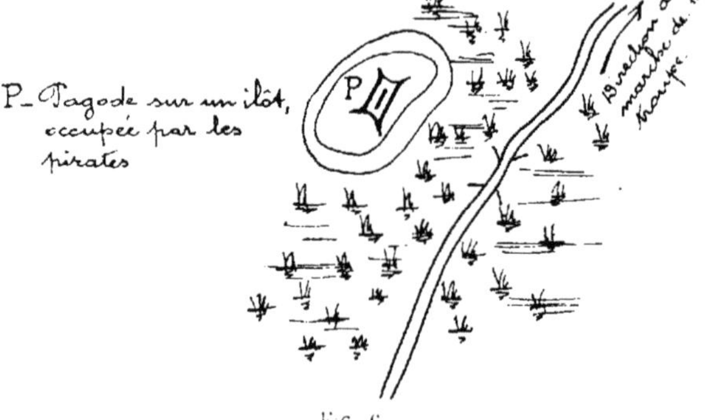

Fig. 6.

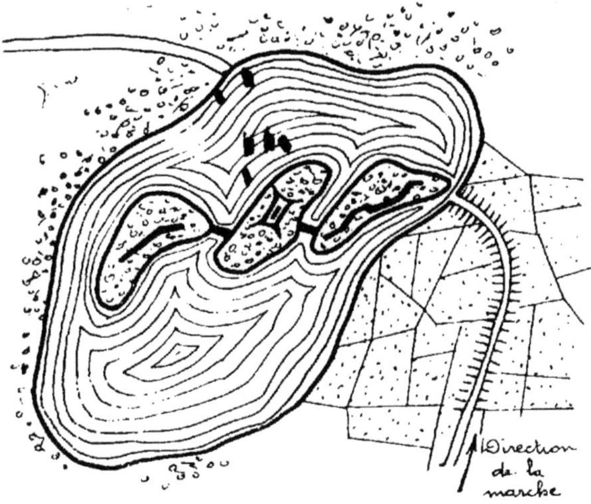

Fig. 7 (1).

Ilots boisés d'un lac ou d'un immense marais occupé par les pirates.
Leur retraite est assurée par des paniers abrités vers la partie boisée du lac
ou des marais. Les ilots communiquent le plus souvent entre eux soit par des
digues étroites et submergées, soit à l'aide des paniers destinés à assurer la
retraite.

Lorsqu'un détachement est surpris, si la décharge à
bout portant des pirates tue quelques indigènes, le moral
de la troupe est peu atteint et son encadrement européen.
qui constitue sa véritable force morale et tactique. reste
intact pour la continuation de la lutte. Mais si les pirates —
comme cela arriva fréquemment pendant la conquête de
l'Indo-Chine — réussissent. dès les débuts de l'attaque. à
mettre hors de combat un officier et quelques sous-officiers
européens, l'encadrement d'une compagnie, surtout indigène, est du coup sérieusement affaibli et son moral gravement atteint. Il faut, au surplus, ajouter que la décapitation d'un Européen procure aux irréguliers un trophée

____

(1) Position pirate dans le lac de *Rougia*. près de *Cam-Khé*, enlevée par la colonne mixte du capitaine *Lebigot*, de la légion étrangère. en 1877.

considéré par les indigènes comme une preuve palpable de l'échec des réguliers. Il ne faut donc mettre à la pointe d'avant-garde que des gradés indigènes et des troupes indigènes.

Etant donné que les irréguliers n'engagent presque toujours la lutte que par surprise, par le feu et l'occupation d'un point naturellement fort ou artificiellement fortifié, voici comment nous concevons le fractionnement de l'avant-garde d'un détachement :

Un peloton d'indigènes, avec ses cadres réglementaires, formera l'avant-garde, sous les ordres du capitaine commandant la compagnie indigène qui fournit le peloton d'avant-garde (100 hommes environ).

La pointe d'éclaireurs sera composée de trois indigènes sous les ordres d'un sergent indigène parlant le français. Un ou deux des soldats de la pointe, choisis autant que possible parmi les élèves-caporaux de la compagnie, doivent également parler et comprendre suffisamment le français. La tête de l'avant-garde, comprenant une escouade et commandée par un sergent indigène, se tiendra toujours à moins de 300 mètres de la pointe d'éclaireurs et communiquera avec celle-ci par des soldats assez nombreux pour assurer la transmission rapide et sûre des renseignements. Les hommes de la pointe prendront entre eux, pendant la marche, un intervalle et une distance de 5 à 10 mètres.

Le gros de l'avant-garde, composé du reste du peloton (soit sept escouades ou 80 fusils environ), sous les ordres du commandant de l'avant-garde, suivra la tête de l'avant-garde à 300 mètres environ de distance. Le gros de l'avant-garde se tiendra en communication avec le détachement qu'il protège, de la même façon qu'il assure sa liaison avec la tête d'avant-garde.

Le deuxième peloton de la compagnie indigène qui fournit l'avant-garde, marche **en tête** de la colonne, en avant de la compagnie d'Européens qui le suit immédiatement. Il forme ainsi la réserve de l'avant-garde ou premier groupe de combat qui, en y comprenant le peloton de l'avant-garde, est placé, s'il y a lieu, sous les ordres du plus ancien capitaine des deux compagnies formant le premier groupe de combat. Celui-ci se tient à 200 mètres environ du gros de l'avant-garde. L'autre partie de la colonne reste sous les ordres immédiats du chef de détachement, — qui, pendant la marche, reste en tête du gros de l'avant-garde — pour renforcer le premier groupe de combat, pour le recueillir ou enfin, et plus généralement, pour manœuvrer sur les flancs ou les derrières de la position ennemie.

Nous avons donné les raisons pour lesquelles il faut éviter de placer des gradés européens dans les premiers éléments de l'avant-garde : nous n'avons donc pas à y revenir. Quant aux distances que nous venons d'indiquer, sans qu'elles soient invariables, il faut, pour les fixer d'une façon logique, se rappeler d'abord la distance à laquelle les pirates ouvrent ordinairement le feu et ne pas se baser sur la portée maxima de leurs armes.

En outre, dans les plaines des deltas, les vues sont assez dégagées pour permettre à un homme, surtout à cheval, de voir, tout en cheminant près de la colonne, aussi loin que l'éclaireur placé à 1.000 mètres en avant de lui.

Les distances que nous avons indiquées pour les diverses fractions de l'avant-garde ont donc surtout pour but d'éventer les embuscades qui seraient tendues aux points dont les caractéristiques générales ont été données par nos croquis du n° 1 au n° 7.

Ces distances, trop diminuées, pourraient compromettre la sécurité de la tête et même du gros de l'avant-garde ; trop augmentées, elles risqueraient, non seulement d'exposer les éclaireurs et surtout la tête de l'avant-garde à être décimés avant de pouvoir renseigner utilement le commandant de l'avant-garde, mais encore de ne pas inspirer à la troupe une confiance suffisante pour riposter sur place à l'attaque pirate avec méthode et énergie.

On objectera peut-être que la pointe est quelque peu en l'air et que son état moral pourrait s'en ressentir. C'est entendu ; mais, outre qu'un éclaireur, par son isolement, est toujours, au début du combat, un homme plus exposé que ses camarades de la colonne, ce même isolement contribue à le rendre plus vigilant et plus attentif. Son rôle est de voir et d'éventer la présence de l'ennemi et non de combattre ; l'ennemi découvert, il n'y a aucun déshonneur pour les éclaireurs à prendre la fuite et à venir donner l'alarme à la tête d'avant-garde ; c'est celle-ci qui doit, non seulement vérifier l'exactitude des renseignements donnés par les éclaireurs, mais encore riposter à une attaque, se maintenir sur place pour obliger l'ennemi à se dévoiler et donner de plus au chef de l'avant-garde le temps de juger de la situation.

On ne doit pas perdre de vue qu'une avant-garde, dans les deltas, n'aura presque jamais comme mission de s'emparer, au début d'un engagement, d'une position avantageuse pour le développement ultérieur de la lutte. Sa mission consistera à vérifier si un point quelconque, fortifié ou non, qui est signalé comme occupé par les irréguliers, l'est réellement ou s'il a été évacué.

C'est la raison pour laquelle nous conseillerons de toujours constituer très faiblement les avant gardes des détachements opérant dans les deltas, quelle que soit la force de ces détachements. Le rôle de l'avant-garde peut être comparé ici à celui dévolu aux cornes d'une limace, qui se replient et se détendent pour éclairer sa marche et lui éviter le contact d'un corps ou d'un être nuisible.

Il n'y a aucun inconvénient, pour une avant-garde, à se contenter de recueillir ses échelons avancés et à résister

sur place pour permettre au commandant de la colonne
de prendre une décision.

On ne doit pas oublier que, pendant la conquête du
Tonkin, plus d'un désastre a été dû à la précipitation avec
laquelle on engageait la lutte dans des conditions défavo-
rables. Et cela provenait de ce qu'à la pointe se trouvait
généralement un officier ; cet officier tombait à la pre
mière décharge ; les officiers ou sous-officiers européens
commandant la tête mettaient leur amour-propre à le sauver de la décapitation coûte que coûte, et ils poussaient leurs
hommes droit devant eux. Comme cette lutte se déroulait
toujours sur un étroit espace, aux flancs souvent impraticables et battus par les feux roulants et repérés des pirates, la tête subissait le sort de la pointe et, pour peu que
le commandant de la colonne se laissât étourdir par la
perspective désolante d'être accusé d'avoir laissé décapiter
sous ses yeux ou à sa portée ses hommes ou ses officiers,
toute la colonne s'engouffrait dans le défilé. Le plus souvent, elle subissait un échec héroïque, il est vrai, mais qui
aurait pu être évité en prenant tout le temps nécessaire
pour examiner la position ennemie et pour concevoir une
attaque moins rudimentaire.

Il faut prendre son parti, quelque douloureux qu'il soit,
de laisser les éclaireurs se tirer d'affaire en comptant sur
leurs yeux, leurs oreilles et leurs sens : ils ne doivent
jamais être renforcés. S'ils pressentent un danger qu'ils
ne voient pas encore, qu'ils redoublent de vigilance et de
précautions ; qu'ils reviennent, au besoin, rapidement sur
la tête pour transmettre leurs renseignements et faire part
de leurs angoisses. Mais, cela fait, ils doivent repartir
aussi rapidement et aller de l'avant en sondant à droite et
à gauche, de l'œil et de l'oreille, ou même en allant voir
de leur personne et à tour de rôle.

Les éclaireurs doivent se dévouer et, pour cela, il faut
qu'ils sachent que l'accomplissement intelligent de leur

devoir est appelé, le cas échéant, à leur valoir une récompense honorifique immédiate, la reconnaissance et la bienveillance de leurs chefs et l'estime de leurs camarades. Donc, on ne doit pas renforcer la pointe et on ne doit renforcer la tête que très rarement.

Dès que la présence effective des pirates a été dévoilée, le rôle de la pointe et de la tête est terminé. Elles ne doivent plus faire un seul pas en avant; s'il est nécessaire, la pointe se replie sur la tête et même cette dernière peut reculer de quelques dizaines de mètres pour sortir du bas-fond où elle peut se trouver lorsque la présence effective des pirates lui est signalée.

C'est au commandant de l'avant-garde seul qu'il est permis, dans certains cas, d'ordonner, sous sa responsabilité entière, un mouvement en avant sans demander l'autorisation préalable du commandant de la colonne. Celui-ci, d'ailleurs, marchera, le plus souvent, en tête du gros de l'avant-garde, à côté du capitaine qui commande cette dernière.

Les points suspects situés sur les flancs de la direction de marche du détachement et à moins de 600 à 700 mètres doivent être visités, avant le passage de la tête du gros de l'avant-garde, par quelques cavaliers ou fantassins montés qui, sous les ordres d'un gradé indigène choisi, marchent entre la pointe et la tête de l'avant-garde.

Exceptionnellement, dans certains cas spéciaux et lorsque la nécessité s'impose avec évidence, une flanc-garde mobile, de préférence montée, peut être détachée sur une piste parallèle à la direction de marche de la colonne. Elle longe la lisière des bois dans l'intérieur desquels se trouvent souvent des villages aux enceintes fortifiées, des pagodes ou, simplement, des digues de protection contre les inondations qui pourraient être utilisées par les irréguliers comme points d'appui pour engager le combat ou comme lieux d'embuscades.

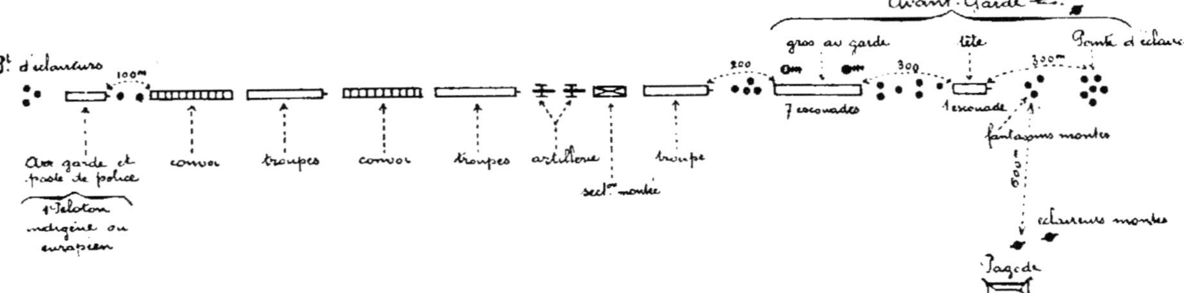

FIG. 8.

Service de sûreté d'une troupe en marche dans les deltas.

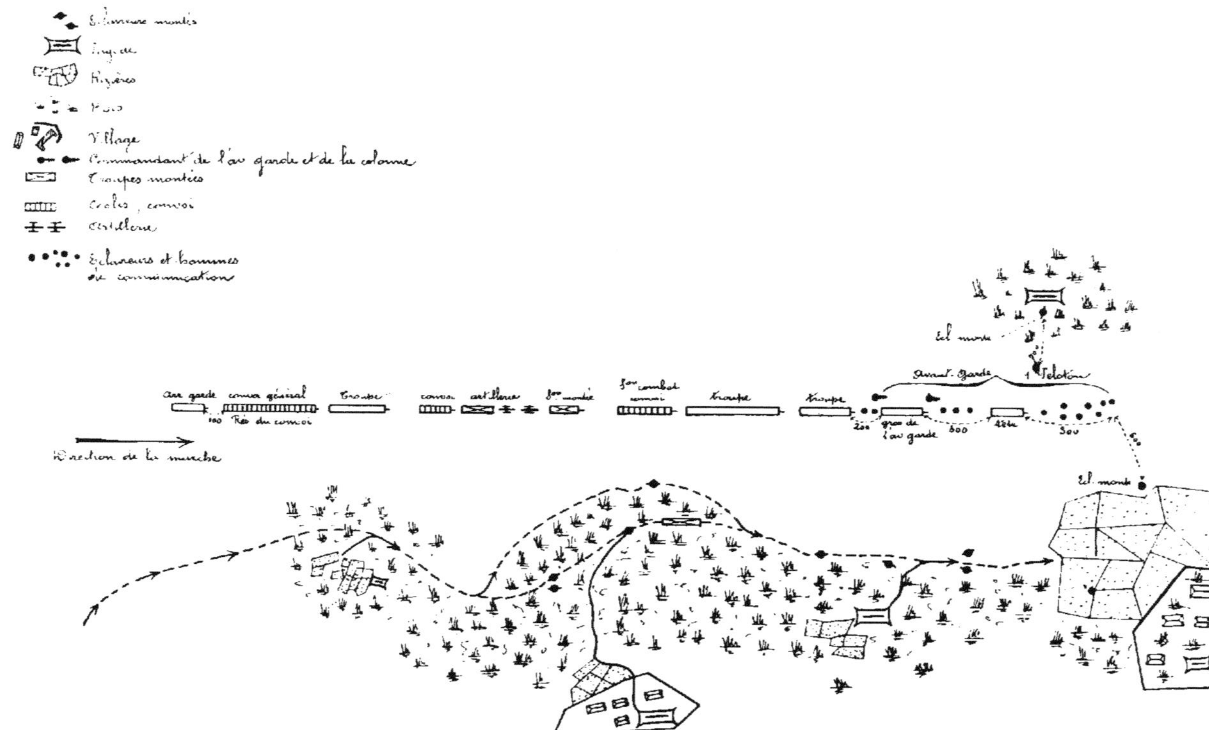

FIG. 9.

Service de sûreté d'une troupe en marche dans les deltas. — Marche parallèle d'une flanc-garde montée, lorsque les bois dissimulent des lieux habités situés à moins de 600 mètres le long de la direction de marche et sur le flanc de la colonne.

Les patrouilles chargées de fouiller les villages et les lieux suspects ne doivent pas comprendre plus de trois hommes et un gradé, car elles n'ont d'autre mission que celle dévolue aux éclaireurs de pointe ; elles agissent donc comme ces éclaireurs et d'après les mêmes principes. Il est d'ailleurs presque toujours superflu de fouiller les lieux suspects à plus de 700 mètres du front ou des flancs de la colonne. Les irréguliers indo-chinois n'en viennent au corps à corps qu'avec répugnance ; leur principal mode d'action est le feu, et leur tir est peu dangereux aux distances supérieures à 700 mètres, car il est alors rarement efficace. En outre, il est extrêmement rare que, dans l'espace qui sépare la troupe des irréguliers, le chef de la première ne puisse trouver un emplacement favorable pour abriter son convoi, exécuter un feu efficace et faire prendre, en même temps, à une partie de sa troupe, un sentier permettant d'agir sur l'un ou les deux flancs de l'adversaire.

SERVICE DE SURETÉ EN MARCHE

DANS LES RÉGIONS BOISÉES ET MI-MONTAGNEUSES

On peut affirmer que, dans les régions boisées, il est rare de réussir à démasquer à temps une embuscade habilement tendue, même si on se résigne à laisser tomber la vitesse de marche à moins de 2 kilomètres à l'heure.

La végétation des forêts indo-chinoises est d'une luxuriance telle qu'il est presque impossible de les traverser, en dehors des sentiers, sans un travail pénible et lent. Par ailleurs, elles opposent à la vue un rideau épais et impénétrable qui empêche de distinguer quoi que ce soit à une dizaine de pas à peine du sentier suivi. Or, lorsque les pirates construisent un ouvrage de guerre ou tendent une embuscade dans ces forêts, ils ont toujours soin de se ménager, sur les derrières, un sentier dérobé aux vues et qui leur assure une prompte et sûre retraite. En outre, à

l'opposé de ce qui est pratiqué en Europe, ils laissent intentionnellement croître l'herbe et les bambous jusqu'à moins
d'une dizaine de pas des créneaux de leurs ouvrages ou
du point où ils comptent se poster pour tendre leur embuscade. De plus, pour dissimuler leurs ouvrages et pour
les rendre d'un accès encore plus difficile, ils ne manquent jamais de les entourer d'une ou plusieurs palissades solides en bambous, précédées de petits piquets
fourchus dissimulés sous l'herbe et capables de traverser
même une semelle de chaussure européenne. A tous ces
obstacles, qui dissimulent leur présence, assurent leur
fuite et, s'il y a lieu, une prompte disparition, il faut
ajouter les abatis d'arbres et de bambous épineux qui barrent toujours, pendant plusieurs centaines de mètres,
l'accès des sentiers qui conduisent à leurs repaires.

Ordinairement aussi, ils installent à demeure dans plusieurs créneaux de leurs ouvrages des fusils de gros calibre et chargés de toutes sortes de projectiles qui sont
dirigés de manière à enfiler, sur une grande longueur et
automatiquement, le sentier donnant accès à l'ouvrage.
Dans ces conditions, il faut reconnaître que le service des
éclaireurs devient très délicat et surtout très dangereux.

Le seul remède contre ce luxe de précautions, prises par
les pirates pour s'opposer aux entreprises de la troupe
régulière, consiste à sacrifier la vitesse de la marche à
un minutieux service de sondage permettant d'avancer lentement, mais avec la certitude de ne pas engager la lutte
en laissant aux irréguliers l'avantage moral de la surprise,
doublé de l'avantage matériel que leur procureraient, dès
le début de l'action, les pertes souvent très sensibles qu'ils
infligeraient à la troupe.

Un détachement tombant sur un ouvrage pirate qu'il
n'a pas éventé se trouve entraîné, par cela même, à engager la lutte dans des conditions tactiques très désavan-
tageuses. Il est, en effet, évident que le chef de détache-

ment est ainsi mis dans l'impossibilité matérielle de faire la reconnaissance de l'ouvrage et de se concerter avec ses lieutenants ; il a perdu, dans une certaine mesure, la liberté de refuser ou de différer la lutte. Quelques frac tions du détachement se ruent forcément en avant, plus ou moins à l'aveuglette, pour soutenir, renforcer ou dé gager celles qui se sont engagées en tête et ont subi des pertes. Elles sont le plus souvent clouées sur place et fu sillées à quelques dizaines de mètres des créneaux, en avant des palissades, par les pirates qui battent le sentier par leurs feux d'enfilade.

D'autres fractions débouchent du sentier, au hasard, espérant trouver un chemin moins meurtrier et menant à l'ouvrage ou sur la ligne défendue par les pirates ; mais celles-là encore, dans leurs mouvements désordonnés, peu réfléchis et hâtifs, finissent par se heurter, après quel ques bonds, à des obstacles de même nature que ceux qui arrêtent la tête du détachement engagée perpendiculaire ment à l'axe du sentier.

Afin de donner au commandement le temps et l'espace qui lui sont nécessaires pour la conception et l'exécution d'une attaque méthodique et réfléchie, et pour éviter autant qu'il est possible d'engager une lutte en subissant, dès le début, un échec moral et tactique, il faut se résoudre à conduire la marche du détachement ainsi que nous allons l'exposer.

De même que dans les deltas, les pirates qui opèrent dans les régions boisées et mi-montagneuses et qui veulent s'organiser défensivement ou s'embusquer, ont, dans le choix de leurs emplacements, une prédilection, très justi fiée d'ailleurs, pour le sommet des cols et des ravins et les têtes les crêtes étroites des contreforts montagneux ; pour les fonds des torrents rocailleux aux flancs abrupts et presque inaccessibles ; pour les lisières des bois enser rant des rizières abandonnées et transformées en maréca ges aux fonds mouvants et vaseux, aux digues rompues et submergées ; souvent aussi, pour les croupes déboisées par la hache et le feu et qui présentent une ligne de crêtes, perpendiculaire à un sentier étroit (ou à un ruisseau en tenant place) qui donne accès sur ces croupes et est bordé de hauteurs boisées difficiles à gravir ou infranchissables et enfilées par le feu sur quelques centaines de mètres. Les irréguliers occupent, bien entendu, la crête des croupes déboisées et ont ainsi, devant eux, un glacis d'une centaine de mètres.

Dès que le sentier suivi par le détachement paraît conduire vers un de ces endroits types — qui, en général, sont occupés par les bandes lorsqu'elles ont l'intention de résister ou même simplement nuire à une troupe et dis-

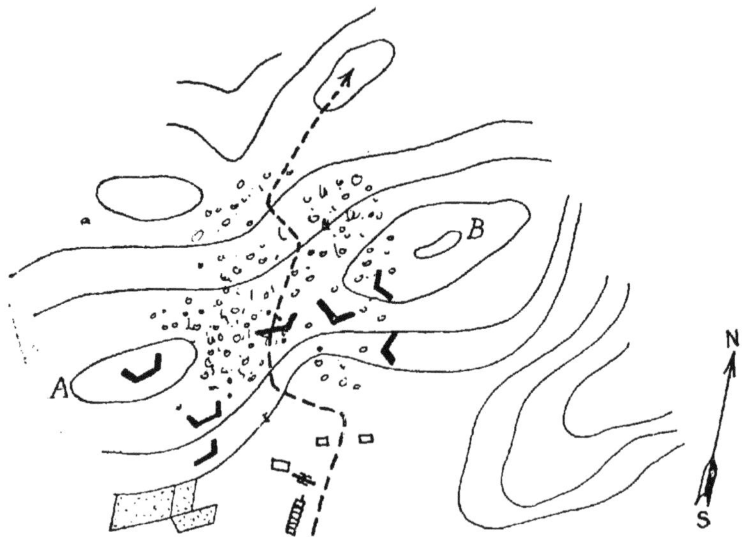

Fig. 10 (1).
Colline boisée occupée par les pirates.

(1) *Deo-Hat*. — Col organisé défensivement et attaqué, en 1887, par la colonne mixte du commandant *Berger*, de l'infanterie coloniale.

paraître aussitôt après — le chef de l'avant garde doit
prescrire de redoubler de vigilance et de vérifier minutieusement s'il ne se trouve pas, sur le sentier même ou à
proximité, quelque indice du passage ou de la présence
des irréguliers.

En général, les indices du passage d'une bande qui a
conservé son moral ou n'a pas été encore battue sont : les

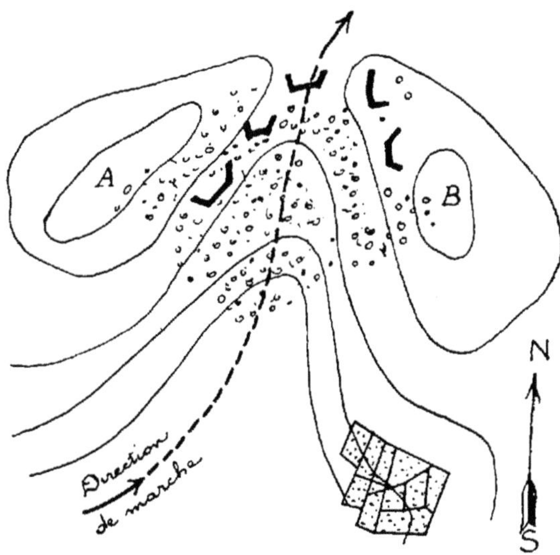

Fig. 11.

traces des pieds ou des sandales d'hommes ; les traces
de pieds de buffles ou de femmes et enfants volés ; quelquefois celles du cheval du chef ; des empreintes de crosses
de fusil ; plus rarement des étuis ou des cartouches perdus, des chiffons gras ayant servi au nettoyage des armes,
des bourres pour le chargement des fusils à piston ; des
bambous fraîchement coupés pour les coolies de la bande,
des empreintes de paniers servant à porter le riz ou les
cochons et poulets vivants ; enfin les chiques de bétel, les

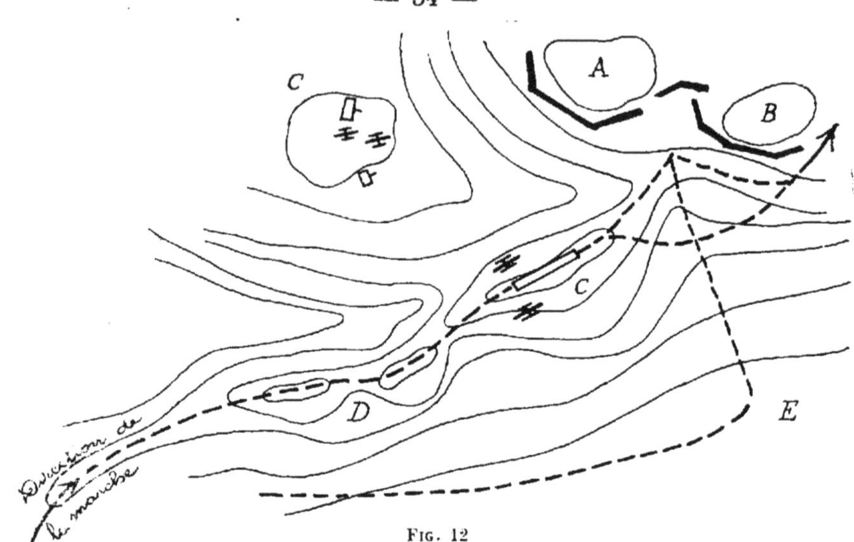

Fig. 12

Tête de contrefort montagneux occupée par les pirates.

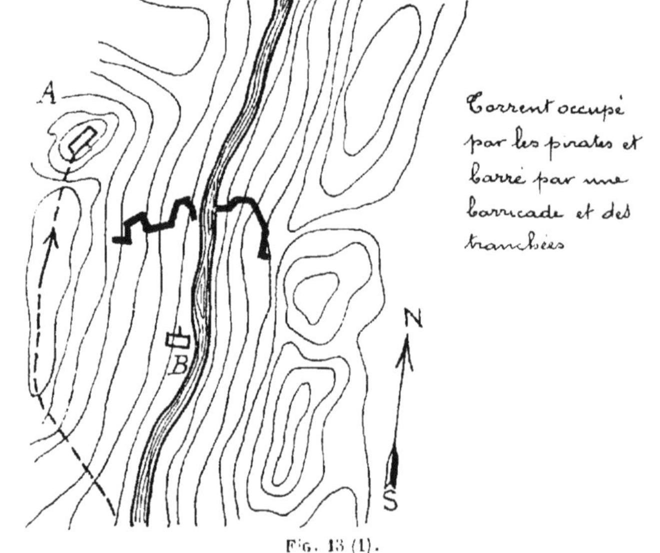

Fig. 13 (1).

(1) *Ngoï-Phu*. — Torrent organisé défensivement par les pirates et enlevé deux fois par la colonne du capitaine *Hoblingre*, de la légion étrangère, et par la colonne mixte du capitaine *Lansard*, de l'infanterie coloniale.

cendres des tiges de bambous et du tabac du pays. A ces
divers indices on peut ajouter, surtout pour une bande
démoralisée ou en fuite, les éventails déchirés et jetés, les
chiffons ensanglantés ayant servi à panser des blessures,
les quartiers de poulets, de viande de porc ou de buffle

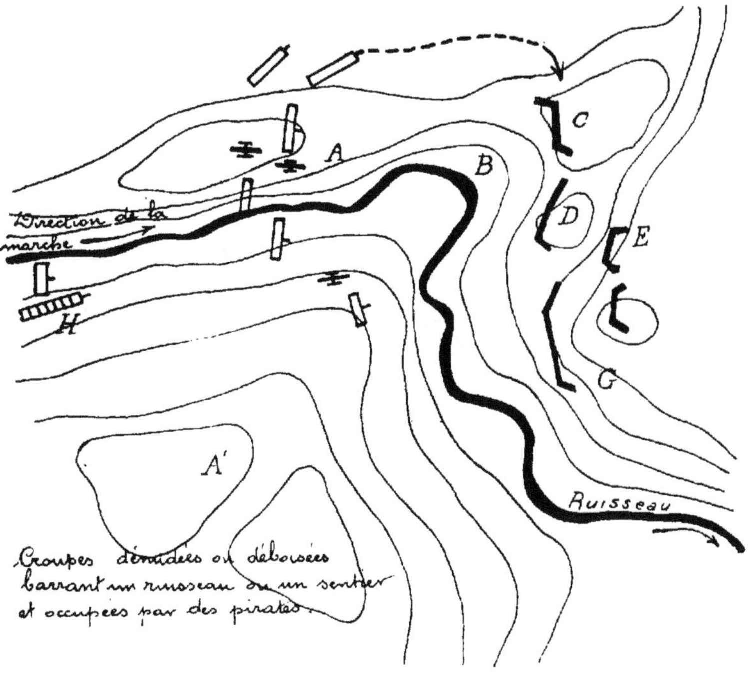

FIG. 14 (1).

jetés pour s'alléger dans la fuite ou par précipitation et
inadvertance : les effets ou ballots d'étoffes jetés ou perdus pour le même motif, le riz versé le long du sentier,
les pipes oubliées et, en hiver, les couvertures ouatées et
ensanglantées ayant servi à un blessé qui est mort chemin

---

(1) Ngoï-Dang. — Position pirate où la colonne du capitaine *Fer-
randi* subit un échec et où le lieutenant *Marguaine*, de l'infanterie
coloniale, fut tué en 1890.

faisant et a été enterré; le coton dont, quelquefois, les pirates garnissent les hamacs de leurs blessés, faute de couverture, pour les préserver du froid ou leur rendre le
transport moins pénible ; enfin, près des endroits où ils
ont stationné, les abris en feuilles de bananiers sous les-

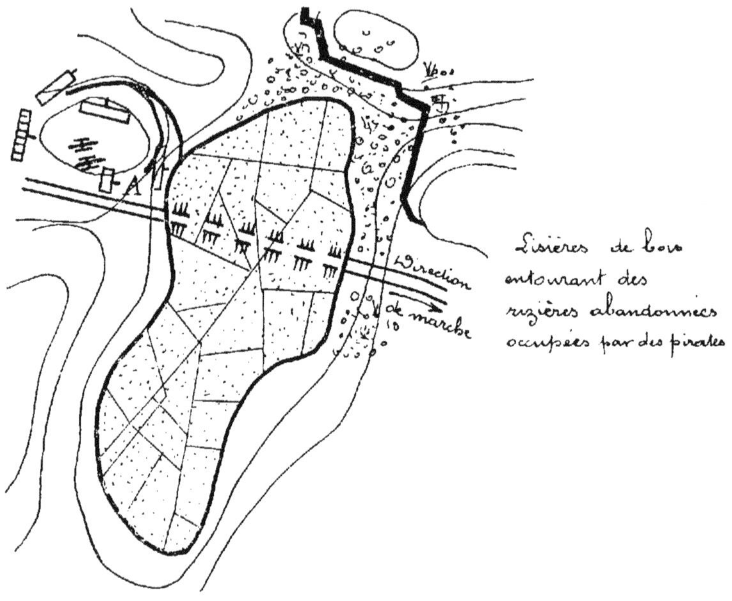

Fig. 15.

quels ils ont dormi, les détritus des aliments et les réci-
pients improvisés dont ils se sont servis pour prendre
leurs repas.

Parmi les indices les plus probants qui indiquent la
proximité d'un point occupé ou ayant été occupé par les
pirates — en dehors de leurs sites de prédilection **que**
nous avons signalés — on peut citer les abatis obstruant
les sentiers, les petits piquets qui en rendent l'accès dangereux et les lianes servant d'appareils avertisseurs qu'ils
ont la coutume d'installer à une centaine de mètres, et par-

fois plus loin. sur le sentier menant à leur corps de garde
ou de veille.

En outre, aux approches immédiates de leurs ouvrages,
on rencontre des palissades en bambous ou en bois et de
gros piquets en bambous qui en dominent une multitude
d'autres de toutes tailles méthodiquement plantés. sur

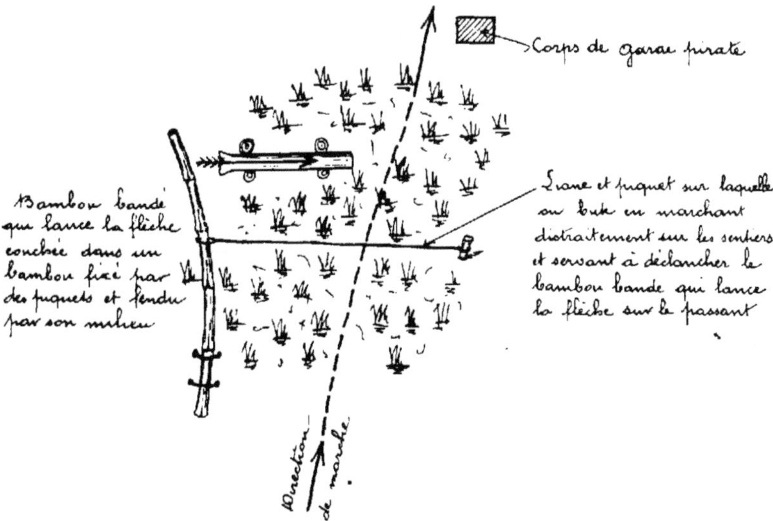

Fig. 16.
Appareil destiné à lancer automatiquement une flèche.

plusieurs dizaines de mètres, en avant des palissades et
jusqu'au pied de leurs tranchées.

Quelquefois les sentiers ou les ruisseaux situés au fond
des gorges abruptes sont barrés par une palissade. Pour
permettre l'accès vers les ouvrages du camp pirate, une
porte est établie dans cette barricade. à la façon de celles
qui ferment les villages fortifiés des deltas et qui sont hérissées de bambous pointus.

Dans ces régions, il semble rationnel de former l'avant-
garde des détachements comme dans les deltas ; mais le

corps principal se tiendra à 400 mètres, au moins, en
arrière de la queue de son avant-garde : la réserve du
convoi devra être appuyée par un minimum de 30 à 50 fusils formant, avec la *réserve du convoi*, un corps presque
indépendant qui se tiendra à 400 mètres au minimum de
la queue du gros de la colonne. Ainsi, le détachement comprendra trois groupes distincts :

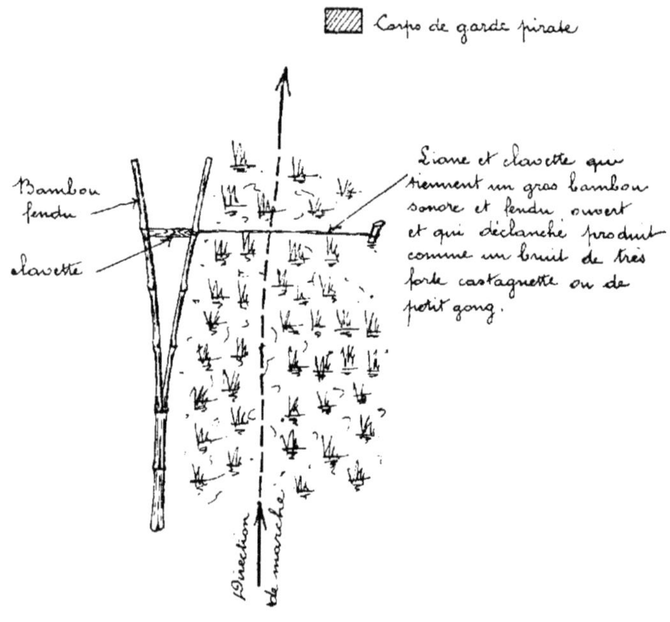

Fig. 17.

Appareil avertisseur établi par les pirates.

Le *groupe de l'avant-garde*, qui aura comme mission de
dévoiler la présence de l'ennemi et, généralement, de l'occuper sur son front, mais ne s'engagera jamais au point
d'avoir besoin du secours immédiat du gros ;

Le *groupe de manœuvre*, destiné, comme son nom
l'indique, à manœuvrer autour de la position ennemie

dans les conditions que nous exposerons plus loin dans le chapitre relatif au combat ;

Enfin, le *groupe de l'escorte spéciale du convoi*, qui, au besoin, pourrait servir de réserve générale aux ordres immédiats et exclusifs du commandant de la colonne.

Les sections de combat, ou *convois particuliers* des fractions constituées, doivent être groupées, dans les régions boisées, à la queue de la colonne, et en tête de la *réserve de convois*, sous les ordres du sergent commandant le convoi et la direction supérieure du commandant de l'escorte.

Nous avons dit que, dans tous les terrains, lorsque les coolies étaient encadrés par des chefs indigènes civils, il y avait lieu de désigner cinq soldats indigènes pour cent coolies. Ces soldats assureront la transmission des ordres du commandant du convoi et ne devront pas être considérés comme formant une escorte suffisante pour le convoi, à moins que celui-ci ne se trouve, d'une façon permanente, à proximité d'une fraction d'infanterie à pied.

Le détachement s'éclairera en arrière, à plus de 300 mètres du groupe de l'escorte du convoi, et aura, à la tête du groupe de manœuvre, des hommes chargés de chercher des pistes menant aux hauteurs qui dominent le sentier ou permettant d'atteindre les flancs ou les derrières de la position pirate. Ces *chercheurs de pistes* formeront des petits groupes composés d'un soldat européen choisi, d'un tirailleur élève caporal ou parlant le français et d'un montagnard du pays (*linh co*), auxiliaire servant de guide. Leur mission consistera à parcourir rapidement, et en rampant s'il le faut, les pistes des fauves ou les sentiers rudimentaires des bûcherons qui partent du sentier suivi afin de vérifier leur direction générale et leur état ; d'autres fois, ils auront à vérifier si l'on peut, sans trop de difficultés, soit conduire le convoi sur une hauteur longée par le sentier pour le mettre en sûreté, soit trouver un refuge pour y déposer ou soigner les malades et les soldats mis hors de combat.

L'augmentation des distances entre les trois groupes du détachement permettra aux chefs de groupe de manœuvre de trouver plus facilement un sentier ou un terrain moins infranchissable, pour tenter une manœuvre hors du sentier, et donnera au chef de groupe du convoi le temps et la tranquillité nécessaires pour rechercher un emplacement permettant de grouper et mettre à l'abri les coolies, les charges du convoi, ainsi que les malades ou blessés.

En terminant notre exposé des règles relatives à la sûreté en marche dans les régions boisées, nous rappellerons la plus importante et qui vise surtout les troupes de l'avant-garde : dès qu'un seul coup de feu éclate, soit devant, soit sur les flancs de l'avant-garde, toutes les troupes qui la composent doivent se jeter en dehors du sentier suivi et sur le côté le plus propre à les abriter. Il ne faut pas, en effet, oublier que, le plus souvent, les pirates fixent sur des fourches des fusils de rempart à gros calibre, de façon à pouvoir ouvrir le feu automatiquement et balayer efficacement, par toutes sortes de projectiles, les sentiers qui donnent accès à leurs positions, qu'elles soient fortifiées ou non.

SERVICE DE SÛRETÉ EN MARCHE DANS LES RÉGIONS MONTAGNEUSES DÉNUDÉES OU BOISÉES, MAIS A VÉGÉTATION PRATICABLE.

Dans ces régions, le service de sûreté est, comme dans les deltas, favorisé par l'étendue des vues, par la facilité plus ou moins grande à diriger la marche de la colonne à travers les bois et par le masque qu'offrent ces mêmes bois pour abriter les colonnes et les convois en cas d'attaque imprévue.

Pour faciliter la marche et la manœuvre en montagne,

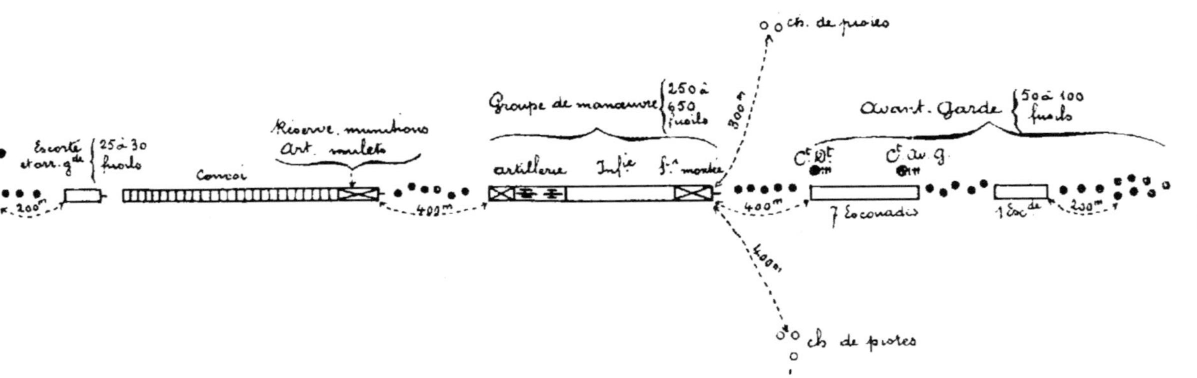

Fig. 18.

Formation du détachement pendant la marche à travers un pays boisé et à végétation impénétrable.

on fractionnera l'effectif des soldats en groupes de fractions constituées de cent hommes au maximum, suivies de leurs *sections de combat* comme dans les deltas et commandées par leurs chefs habituels, lieutenants ou capitaines. Ces groupes seront espacés, pendant la marche, de 100 mètres environ, de telle sorte qu'un groupe ne soit, pour ainsi dire, pas amené à s'engager sans ordres à la suite d'un groupe qui le précède. Chaque commandant de groupe, pour la marche et le combat seulement, est sous les ordres directs du commandant de la colonne, qui seul peut mettre un commandant de groupe, pendant un temps donné ou pour l'accomplissement d'une tâche déterminée, sous les ordres du chef d'un autre groupe ayant une ancienneté de grade supérieure. Un chef de groupe supérieur en grade peut, dans un cas qu'il juge urgent et sans l'approbation préalable du commandant de la colonne, donner à un autre chef de groupe inférieur en grade des ordres même contraires à ceux donnés précédemment par le commandant de la colonne ; mais, dans ce cas, il devient seul responsable envers ce dernier des conséquences que peut entraîner son acte d'autorité.

Le but de ces prescriptions est de mettre en évidence que, sauf dans des cas exceptionnels, tous les groupes d'une colonne opérant dans les régions montagneuses sont à la disposition du chef du détachement et sous ses ordres directs. Lorsqu'un chef de groupe reçoit une mission spéciale, il ne doit pas perdre de vue que, pour mener à bien sa mission, il ne peut disposer que de son propre groupe, même si le groupe voisin fait partie d'une fraction constituée dont il exerce ordinairement le commandement.

Le service de sûreté d'un détachement opérant en montagne est grandement assuré si ses éclaireurs peuvent couronner à temps voulu les pics, pitons et sommets divers qui jalonnent et dominent son itinéraire.

Il est évident que, dans tous les cas où les hauteurs seront accessibles à leurs montures, des fantassins montés à mulet rempliront convenablement cette mission. Quant aux hauteurs accessibles seulement à des fantassins, elles ne peuvent être occupées ou explorées par les éclaireurs que si on consent à ralentir la marche et si ce ralentissement ne doit entraîner aucun inconvénient.

Une troisième façon d'assurer la sûreté d'un détachement est de faire marcher, alternativement et successivement, le détachement et son convoi sous la protection d'un de ses groupes qui, pendant chaque halte et avant la reprise de la marche, prend l'avance nécessaire pour remplir le rôle qui lui incombe. Mais, dans aucun cas, cette avance ne doit exposer le groupe de protection à être écrasé par les irréguliers avant que le détachement puisse accourir à son secours. En pays de montagne, il paraît rationnel — pour un groupe de 50 à 100 soldats — de fixer à trente ou quarante minutes environ, suivant la nature plus ou moins abrupte de la région, le temps de l'avance qu'on peut accorder sans danger.

De ces considérations il résulte que, pour assurer le service de sûreté en marche, on peut adopter les trois dispositifs donnés par les croquis ci-après. Leur efficacité dépend de la qualité de l'adversaire, du tempérament du chef et de la troupe, de la nature plus ou moins abrupte de la région, de l'entraînement à la marche et de l'endurance des hommes.

Il est incontestable que la marche dans des gorges aux flancs plus ou moins accessibles est mieux protégée par un groupe posté : mais, par contre, ce procédé fatigue beaucoup la troupe tout entière et ralentit la marche. De plus, il peut arriver quelquefois que le groupe de protection ait à supporter, pendant un certain temps, les coups émanant de la totalité des irréguliers en présence. Il pourra, alors, subir des pertes assez sensibles pour devenir inapte à

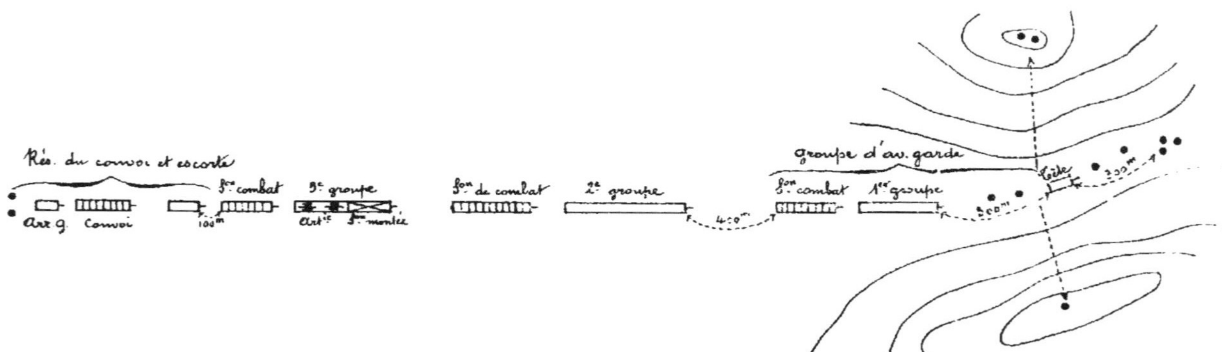

FIG. 19.

Service de sûreté d'un détachement en marche à travers des gorges inaccessibles aux mulets et aux petits chevaux du pays.

prendre une part active au combat que provoquera la découverte de l'ennemi par le groupe de l'avant garde fixe.

Les diverses fractions de l'avant-garde se conduisent comme il a été dit pour les fractions de l'avant garde dans les régions boisées et mi-montagneuses ; toutefois, il faut ajouter que la tête de l'avant-garde doit remplacer successivement, dans leur service, les éclaireurs et chercheurs de pistes qui escaladent les hauteurs et restent en observation jusqu'au moment où ils descendent pour rejoindre à temps la gauche du groupe d'avant-garde auquel ils appartiennent.

Le gros de l'avant-garde agit de même envers sa tête, au fur et à mesure que cette dernière se démunit de ses soldats au profit de la pointe. Les éclaireurs explorent ou occupent les hauteurs qui dominent, à moins de 600 mètres de distance, le sentier suivi par le détachement.

Dans ces terrains, la pointe est formée comme d'habitude, mais on y ajoute quatre ou cinq éclaireurs montés qui sont chargés d'explorer ou d'occuper les hauteurs accessibles à leurs animaux et situées à moins de 600 mètres. Ils doivent suivre les crêtes formées par ces hauteurs en marchant parallèlement à la direction suivie par la colonne, sans jamais s'en éloigner à plus de 600 mètres, sans la perdre de vue et en observant constamment tout le terrain qui les sépare des éclaireurs.

La pointe, composée de fantassins non montés, n'est chargée que d'explorer le terrain devant elle et les hauteurs qui sont inaccessibles aux animaux des fantassins montés ; elle se conforme, pour la marche, à ce qui a été dit pour la pointe de l'avant-garde dans les deltas.

La tête comprend, également, les trois quarts des fantassins montés ou des cavaliers de la colonne et une escouade du groupe des fantassins qui forme l'avant-garde.

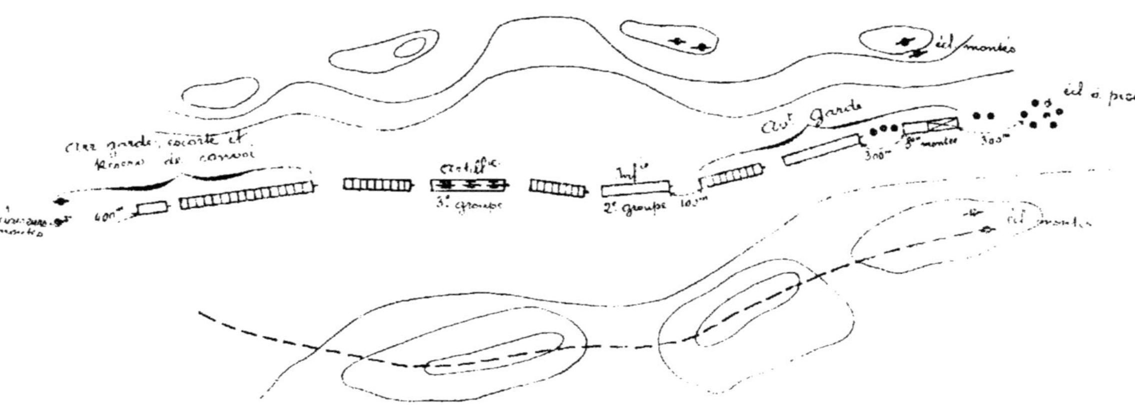

Fig. 20.

Service de sûreté d'un détachement en marche à travers des gorges aux flancs accessibles aux mulets et chevaux du pays.

Elle est commandée par le plus ancien gradé des deux fractions.

Lorsque les flancs des gorges seront accessibles aux animaux, il y aura avantage à porter l'artillerie plus près de la tête du gros de la colonne, par exemple derrière son premier groupe.

L'escorte du convoi et l'arrière-garde seront pourvues de quelques fantassins montés qui éclaireront la colonne à plus de 400 mètres en arrière. Le commandant du détachement gardera auprès de lui trois fantassins montés, sous les ordres d'un sergent ou caporal intelligent et monté, pour transmettre ses ordres, explorer rapidement un point négligé par l'avant garde, ou assurer l'occupation immédiate de ce point.

Lorsque — comme dans la figure 21 — la tête du gros du détachement atteint la hauteur tenue par la section montée, cette dernière se porte rapidement en avant, dépasse de plus de 400 mètres la pointe du groupe de l'avant-garde du 1ᵉʳ groupe et place des éclaireurs montés sur les hauteurs situées à moins de 600 mètres du sentier suivi. La colonne continue sa marche jusqu'au point où est arrêtée la pointe du groupe à pied de l'avant-garde (ou 1ᵉʳ groupe) et s'y arrête. Le groupe de la tête du gros de la colonne gagne alors rapidement de l'avance ; il remplace, dans le service de l'avant-garde, le groupe qui l'avait fourni jusque-là ; celui-ci descend, pendant ce temps, des hauteurs qu'il occupait pour prendre, en tête du gros de la colonne, la place du 2ᵉ groupe, qui l'a relevé dans le service de l'avant-garde fixe.

Ainsi, on aura successivement, comme avant-garde fixe protégeant la marche de la colonne : d'abord le groupe 1, ensuite les groupes 2, 3, 4, etc., puis, de nouveau le groupe 1, si la nature du pays exige que ce système d'avant-gardes fixes soit maintenu pendant plusieurs heures de marche. Nous avons exposé les raisons pour les-

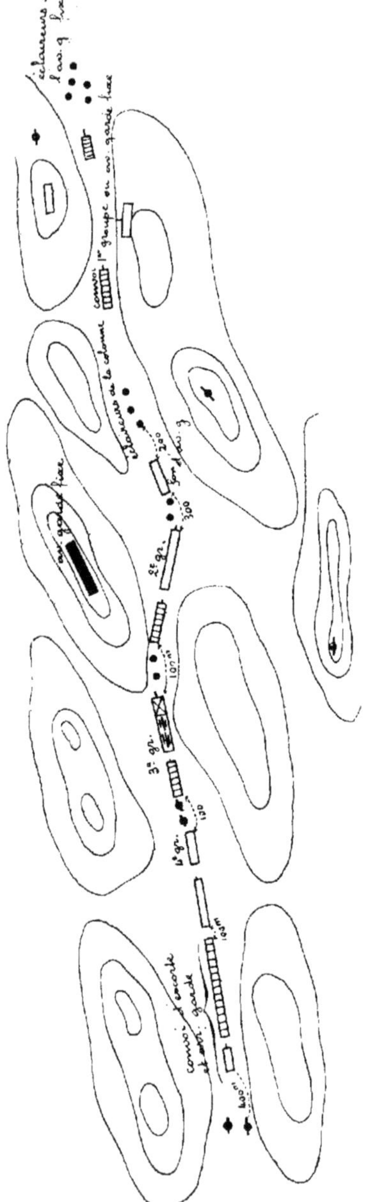

FIG. 21

Service de sûreté d'un détachement en marche au travers de hauteurs boisées ou difficilement accessibles.

quelles le groupe chargé de se porter en avant-garde fixe doit avoir trente à quarante minutes d'avance et pourquoi, avec des fractions d'effectif faible, une plus grande avance peut devenir dangereuse. D'autre part, si l'avance n'est pas au moins de trente minutes, le groupe n'aura matériellement pas le temps de prendre une distance suffisante, d'explorer le terrain et de faire disparaître tout irrégulier embusqué pour espionner ou inquiéter la colonne par des tirailleries plus ou moins meurtrières.

Outre les éclaireurs et flanqueurs (montés ou non) fournis par le groupe d'avant-garde fixe, le gros de la colonne doit encore être précédé de trois ou quatre éclaireurs fournis par une avant-garde à pied ayant l'effectif d'une section.

Le service de sûreté immédiat sera ainsi fait par une section marchant à 300 mètres en avant du gros de la colonne et qui détachera une pointe à 200 mètres en avant d'elle.

Quant à la section montée qui fait partie de l'avant-garde fixe, elle occupera une position intermédiaire entre celle occupée par l'avant-garde fixe et le point d'où la colonne doit repartir pour continuer la marche ; elle se trouvera donc, à ce moment, à quinze minutes environ et à égale distance de la tête de la colonne et de la position occupée par l'avant-garde fixe. Cette section, pendant son stationnement et en attendant l'arrivée de la tête de la colonne, fera explorer et occuper, par un ou deux soldats montés, les hauteurs avoisinant le sentier suivi par la colonne et, de préférence, celles qui seront situées vis-à-vis de son propre emplacement.

CHAPITRE V.

Du stationnement.

STATIONNEMENT DANS LES DELTAS.

Pendant les marches dans les deltas des grands fleuves chinois ou indo-chinois, la troupe est, presque toujours, assurée de rencontrer suffisamment de lieux habités ou de pagodes pour pouvoir cantonner pendant la nuit ou se mettre à l'abri du soleil pendant les grandes chaleurs, entre 10 heures du matin et 3 heures du soir.

Si son effectif l'exige, le détachement peut, sans inconvénient, se reposer ou passer la nuit dans deux villages différents, mais distants l'un de l'autre de moins d'une heure de marche.

Les Indo-Chinois et les Chinois, en effet, attaquent rarement à fond les lieux habités, surtout pendant la nuit. Les alertes qu'ils peuvent quelquefois occasionner se réduisent à une tiraillerie de quelques heures et qui est presque inoffensive si la troupe se contente de rester derrière ses abris sans se laisser émouvoir par ces attaques faites à grande distance et à grand bruit, souvent accompagnées ou précédées par les sons de trompes de guerre et par l'incendie des lieux habités environnants.

Au point de vue hygiénique, on doit prévenir les hommes d'avoir à vérifier l'état des objets ou effets qu'ils peuvent y trouver, avant d'en faire usage. Ils éviteront ainsi d'emporter sur eux les insectes malpropres qui pullulent dans les cases indigènes et de contracter la gale, ou des plaies annamites, ou toute autre maladie contagieuse.

On doit veiller avec soin à ce que les hommes n'absorbent par les eaux-de-vie indigènes qu'on trouve en abondance et qui donnent aux Européens une ivresse maladive et furieuse. L'eau potable, quelle qu'en soit l'origine, doit être filtrée, de préférence bouillie et, si possible, prise en infusion avec du thé.

Les porcs indigènes sont, fréquemment, atteints du tænia ou d'autres maladies parasitaires pouvant occasionner des troubles physiques souvent dangereux ; les bœufs aussi, mais plus rarement. Il est donc à recommander de faire toujours bien cuire ou bien bouillir la viande qu'on se procure dans les villages.

Pour éloigner les moustiques et assainir rapidement et provisoirement l'air d'un cantonnement, il est bon d'allumer, devant chaque case, de grands feux produisant une épaisse fumée et que les factionnaires surveilleront et entretiendront.

On peut également, pour se préserver des piqûres de moustiques, utiliser des carrés de 1 mètre environ, coupés dans de la toile de moustiquaire, dont les hommes se couvriront en partie la figure pendant leur sommeil. On ne doit pas oublier non plus que la place occupée par les buffles sous une case en pilotis, même si elle n'est pas utilisée depuis plusieurs mois, est un réceptacle de myriades de puces et autres insectes qui rendent la place intenable, tant qu'elle n'a pas été nettoyée au moyen du feu, de liquides désinfectants ou de lait de chaux.

Dans les cantonnements, les hommes conservent les armes avec eux et les placent sous leur tête. Ils se constituent un oreiller au moyen de leurs armes et de leurs cartouches roulées dans un bout de couverture ou dans quelques-uns de leurs effets. Ils évitent de se servir des oreillers qui se trouvent dans les cases et au contact des quels ils pourraient contracter la teigne ou quelque autre maladie du cuir chevelu.

Lorsque le détachement cantonne dans les villages des deltas, les chefs des différents groupes veillent à ce que les hommes ne gaspillent pas les ressources qui s'y trouvent et ne causent pas d'incendie, soit intentionnellement, soit par inadvertance. La principale raison qui milite en faveur de ces prescriptions est que, très souvent, pendant les opérations dans ces régions, on est appelé à revenir sur ses pas et on aurait souvent à regretter d'avoir traité un village avec cruauté.

Enfin, les mesures les plus rigoureuses et les plus efficaces sont prises pour que les soldats ne molestent pas les habitants qui ont le courage de rester dans leurs maisons malgré l'arrivée de la troupe. En agissant autrement, on se prive d'une source souvent précieuse de renseignements ou de guides d'une très grande utilité, sans omettre que maltraiter, de propos délibéré, les habitants qui osent affronter notre approche, c'est justifier la fuite des autres, c'est susciter, à tort ou à raison, des représailles contre nos protégés et aller à l'encontre de notre action pacificatrice.

Les femmes et les enfants seront surtout protégés d'une façon active et effective. S'ils sont peu nombreux et abandonnés de leurs parents mâles, on peut les grouper sous un marché ou une pagode et les faire surveiller et garder par un poste commandé par un gradé choisi et digne de confiance.

Les gradés d'un détachement ne doivent pas perdre de vue que tous les actes d'indiscipline ou de licence qu'ils tolèrent, comme le pillage, la maraude ou la violence envers les femmes, sont autant de facteurs qui contribuent à augmenter le nombre des bandes irrégulières, à exciter leurs sentiments guerriers et enfin à leur attirer des espions infatigables. Ceux-ci feront échouer plus tard, grâce à leur espionnage effectué par esprit de vengeance, les attaques de nuit, embuscades et surprises, toutes entreprises exigeant le secret.

D'ailleurs, en dehors de ces résultats funestes, conséquence des actes immoraux ou d'indiscipline qu'ils ont tolérés chez leurs soldats, au préjudice des indigènes, les gradés doivent être persuadés qu'ils ne tarderont pas à être, à leur tour, victimes de cette indiscipline ou de ce désordre.

STATIONNEMENT DANS LES RÉGIONS BOISÉES ET MI-MONTAGNEUSES

Dans les régions boisées, où les villages sont plus rares et où les quelques hameaux rencontrés ne peuvent abriter plus de quelques dizaines d'hommes, le bivouac est de règle.

Les soldats indigènes, à l'aide de leur coupe-coupe, ainsi que les troupes européennes exercées et entraînées peuvent, en une demi-heure, établir un bivouac à l'abri de la pluie et du soleil. Les bambous fournissent la charpente; les liens, des abris ; les feuilles de bananiers et les joncs, la toiture et les parois. La construction d'une case provisoire — avec lit de camp, bancs et tables — est un jeu pour une compagnie d'indigènes entraînée et bien commandée. Il faut à tout prix isoler les hommes du sol, soit en construisant des lits en bambous, avec ou sans supports, soit, tout au moins, en interposant entre l'homme et le sol des bambous recouverts d'herbes.

Si les nécessités tactiques le permettent, de grands feux sont allumés le long et au pied de tous les abris, afin d'assainir l'air et le sol, de chasser ou tuer les moustiques, insectes, serpents et fauves, et de permettre aux hommes de sécher leurs effets et de se dégourdir les membres au réveil.

L'endroit occupé par le bivouac est complètement dé-

FIG. 22.

Lit à supports.

broussaillé pour ne pas gêner la vue ; les armes sont laissées en la possession des hommes.

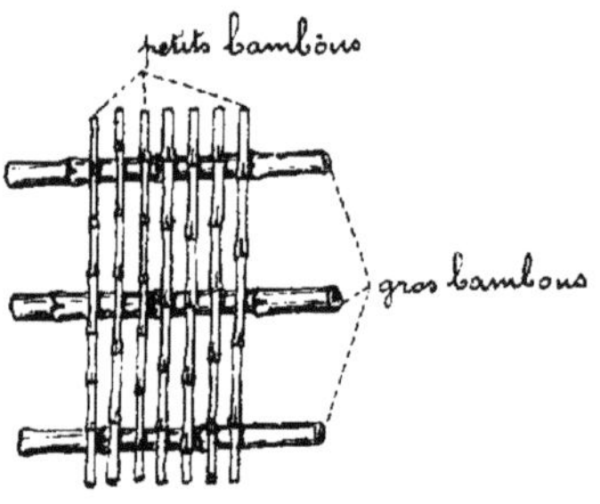

FIG. 23.

On vérifie si l'eau coulant à proximité ne contient pas

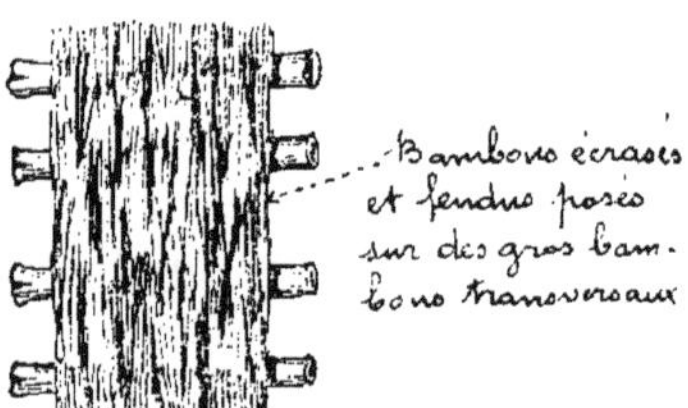

FIG. 24.

Lits sans supports : les gros bambous sont posés à même la terre et couverts
de petits bambous (ou de gros, écrasés et fendus) et de paille.

de cuivre ou des sangsues ; dans ce cas, on prescrit formellement de la filtrer et de la faire bouillir. Sous aucun prétexte, les hommes ne doivent coucher avec des effets de toile ou des effets mouillés.

La quinine préventive est obligatoirement prise par tous les Européens et même par les indigènes.

On recommande aux hommes de ne pas manger les fruits ou les champignons qu'ils peuvent trouver dans les forêts, et dont les propriétés sont inconnues.

Les sangsues qui adhèrent au corps doivent être détachées non pas violemment, mais au moyen d'eau salée ou d'une allumette flambée ; le caillot de sang qui recouvrira l'endroit où la sangue a sucé le corps doit être laissé jusqu'au moment où il se détachera de lui-même, et cela, malgré les démangeaisons qui suivent la piqûre de la sangsue. Agir autrement, c'est risquer d'avoir, surtout aux jambes, des plaies annamites très difficiles à guérir.

STATIONNEMENT DANS LES RÉGIONS MONTAGNEUSES.

En montagne, lorsque le terrain sera recouvert de forêts, d'arbres ou de bambous, le détachement agira comme dans les régions boisées. Mais lorsque, comme dans certaines parties du nord, sur la frontière chinoise, les montagnes sont couvertes, par endroits, de joncs ou d'herbes aux feuilles tranchantes, le chef de détachement fera son possible, surtout par les temps pluvieux ou brumeux, pour atteindre un hameau ou un village pouvant fournir un abri restreint à une partie au moins de son détachement.

Dans les régions montagneuses, il est indispensable que les soldats et les coolies aient, pour la nuit, des vêtements chauds et secs, ainsi que des couvertures. Tous les coolies doivent avoir des chapeaux et des manteaux en feuilles de latanier, de fabrication indigène. Si les nécessités tacti ques le permettent, on cherchera, même au prix de quelques efforts, le bois nécessaire pour faire du feu. On distribuera de la quinine préventive et on s'efforcera d'éviter les refroidissements, surtout ceux du ventre.

Comme dans les deltas, il n'y a pas grand inconvénient à scinder, pour la nuit, le détachement en groupes, de manière à procurer à tous les soldats et coolies l'abri nécessaire contre la pluie et la rosée qui, à ces altitudes, sont abondantes et glaciales.

Il faut toutefois chercher, tout en espaçant les groupes, à leur faire occuper des pitons boisés ou des hameaux présentant, dans leurs environs immédiats, des abris capables de protéger le groupe contre les projectiles des irréguliers. On évitera les vallons ou les hameaux aux cases en paille entourés, à moins de cent pas, de pentes boisées pouvant masquer une attaque ou dissimuler une embuscade.

CHAPITRE VI.

Service de sûreté en station.

SERVICE DE SÛRETÉ EN STATION DANS LES DELTAS.

Étant donné que les irréguliers Indo-Chinois et Chinois montrent de la répugnance à exécuter des attaques corps à corps et à enlever d'assaut une position défendue, le service de sûreté en station est facile à organiser dans les deltas, où, ainsi que nous l'avons dit, les troupes cantonnent, le plus souvent, dans les lieux habités.

Lorsqu'une troupe cantonne dans un village, elle n'a qu'à imiter, pour sa garde, les pratiques des indigènes, lesquelles répondent parfaitement au genre d'attaque des irréguliers. Une heure avant la tombée de la nuit, on prévient les indigènes qui n'ont pas évacué le village que, s'ils se risquent à circuler pendant la nuit, ils courent le danger de se faire tuer par les factionnaires. Ensuite, on ferme les portes du village, tout en laissant, s'il y a lieu, la garde indigène habituelle occuper ses postes comme à l'ordinaire ; on place près de chaque porte un petit poste mixte dont l'effectif doit suffire pour pouvoir fournir, à cette porte, une sentinelle double composée, de préférence, d'un soldat européen et d'un soldat indigène. En dehors de cette sentinelle, qui garde la porte confiée à son poste et le terrain avoisinant, le petit poste fournit une sentinelle simple devant les armes.

La surveillance du terrain extérieur au village est partagée en secteurs et confiée à autant de sentinelles doubles qu'il y a de secteurs. L'étendue des secteurs varie avec l'obscurité plus ou moins grande de la nuit. Dans tous les cas, la sentinelle double doit pouvoir surveiller son secteur efficacement à tout moment de la nuit.

Les sentinelles seront pourvues, comme celles des villages annamites, de bambous sonores pour s'appeler et se tenir mutuellement en éveil.

Un tam-tam placé devant chaque porte permet au gradé qui commande le poste de vérifier, sans s'éloigner, si ses sentinelles veillent. Celles-ci indiquent qu'elles restent éveillées, en répondant de proche en proche au son du tam-tam par des battements de leurs bambous sonores et en commençant par la sentinelle n° 1. Si l'une d'elles tarde à répondre à l'appel du tam-tam, le gradé du poste envoie un de ses subordonnés, ou va lui-même vérifier la cause de ce retard.

Le gradé et le factionnaire qui font la relève, toutes les heures, d'une des deux sentinelles doubles, font aussi une ronde en parcourant d'un bout à l'autre le secteur de surveillance confié au poste, et se mettent en communication avec les sentinelles des postes qui surveillent les secteurs voisins (1). Pour compléter ces moyens de contrôle, des officiers et des sous-officiers sont commandés de ronde pour visiter le périmètre du village, toutes les heures, entre minuit et l'heure où on réveille les cuisiniers pour préparer le café. Enfin deux ou trois patrouilles comprenant quatre hommes et un gradé parcourront, pendant la nuit,

---

(1) N. B. — Les limites du front à surveiller par chaque poste vont du point occupé par la sentinelle du poste le plus voisin à gauche, à la sentinelle du poste le plus voisin à droite; par conséquent, elles chevauchent les unes sur les autres. Ainsi les limites du front à surveiller pour le poste n° 1 partent du point occupé par la sentinelle n° 1 du poste n° 3, au point occupé par la sentinelle n° 3 du poste n° 2 et de même pour les autres postes; ce sont ces fronts que doivent parcourir les gradés de relève à chacune des relèves; ils se croiseront donc souvent, soit avec les gradés du poste situé à gauche, soit avec ceux du poste situé à droite du leur.

entre 10 heures du soir et 4 heures du matin, toutes les rues du village et son périmètre, pour arrêter tout soldat ou habitant qui serait rencontré à plus de dix pas en dehors de sa case.

Tous les soldats et tous les gradés, qu'ils soient de garde ou non, couchent avec leurs armes et leurs munitions sous leur oreiller, pour éviter le vol des armes et munitions très fréquent en Indo Chine. En dehors des postes de garde que nous avons indiqués, une section de chaque groupe fournit, à tour de rôle, devant son cantonnement, au moins une sentinelle simple qui a comme unique consigne de veiller sur les coolies, les bagages et les armes du groupe.

Si les habitants d'un village se sont enfuis à notre approche, on donne comme consigne aux rondes, patrouilles et sentinelles de veiller à ce que les coolies ou les soldats ne démolissent pas les cases ou n'y mettent pas le feu.

Les hommes chargés de la garde ou de la police du village qui rencontrent, pendant la nuit, un indigène dans les rues, doivent s'en emparer à tout prix et, au besoin, le tuer plutôt que de le laisser sortir du village.

En cas d'alerte, les hommes qui ne sont pas de garde prennent les armes, se rassemblent au point indiqué d'avance par le chef du groupe et attendent, sauf le cas évident d'urgence, les ordres du commandant du détachement, qui seront communiqués par les plantons que chaque groupe détache à cet effet auprès du commandant du détachement. Les hommes de garde occupent les postes de combat qui leur ont été indiqués au moment où ils ont pris la garde.

Lorsque le détachement cantonne dans les villages des deltas dépourvus d'enceinte défendant leur accès, on bivouaque à l'abri d'une grande pagode et, si ce cantonne ment ou ce bivouac sont situés dans un endroit boisé, le commandant du détachement applique les règles qui ont été indiquées pour les bivouacs dans les régions boisées.

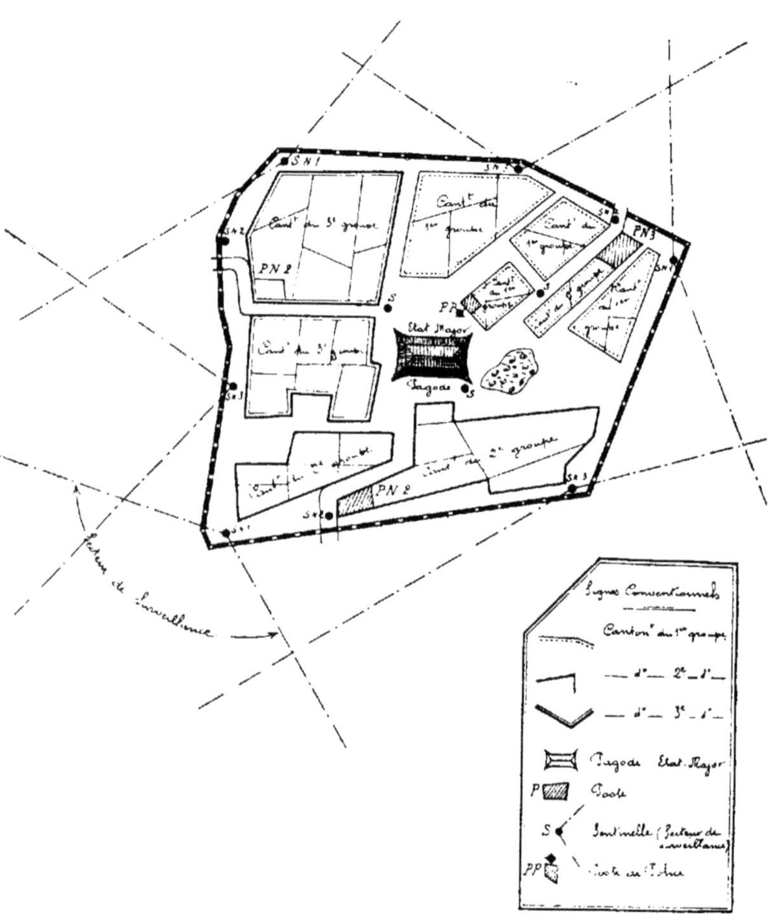

Fig. 25.

Service de sûreté d'un village servant de cantonnement à un détachement.

SERVICE DE SÛRETÉ EN STATION DANS LES RÉGIONS BOISÉES ET MI-MONTAGNEUSES.

Dans ces régions, les troupes étant le plus souvent bivouaquées dans un vallon débroussaillé ou une rizière à sec, le service de sûreté éloigné comprend un certain nombre de postes de six à vingt hommes, suivant l'importance et la proximité des hauteurs à garder, qui ne fournissent, généralement, qu'une sentinelle devant les armes. Les hauteurs dominant immédiatement le bivouac sont fortement occupées ; celles situées entre 200 et 600 mètres peuvent l'être moins solidement. Si la forêt est d'un parcours facile et n'oppose qu'un faible obstacle au passage d'un homme, le service rapproché est renforcé par des abatis établis à 60 mètres tout autour du bivouac. Des sentinelles doubles sont placées sur tout le pourtour, soit derrière des abris ou, mieux, en dehors, de façon à s'apercevoir mutuellement et à pouvoir signaler la présence de tout ennemi paraissant à 200 mètres environ du bivouac. De plus, si plusieurs sentiers aboutissent au bivouac, on place sur chacun d'eux, et au moins à 200 mètres en avant, un petit poste composé de quatre hommes et d'un caporal qui fournit une sentinelle simple relevée toutes les heures. Ces petits postes s'installent en dehors et à côté du sentier, derrière un obstacle naturel qui peut les abriter contre les coups de feu. Ils ont toujours soin d'obstruer le sentier, à 50 mètres au moins de leurs emplacements, par 20 mètres d'abatis, formés d'arbres d'un gros diamètre, jetés sur des abatis de bambous épineux. Les hommes conservent leurs armes et leurs munitions sous leur oreiller.

Pour éviter les méprises, on indique aux sentinelles, aux soldats et aux coolies l'emplacement des feuillées, qui sont, de préférence, situées sur la partie la plus découverte et la moins abrupte des environs et à moins de 40 pas

du bivouac. Une sentinelle double est placée à moins de
10 mètres à droite ou à gauche, suivant la direction du
vent, et à hauteur des feuillées. Un service de quart, ins-

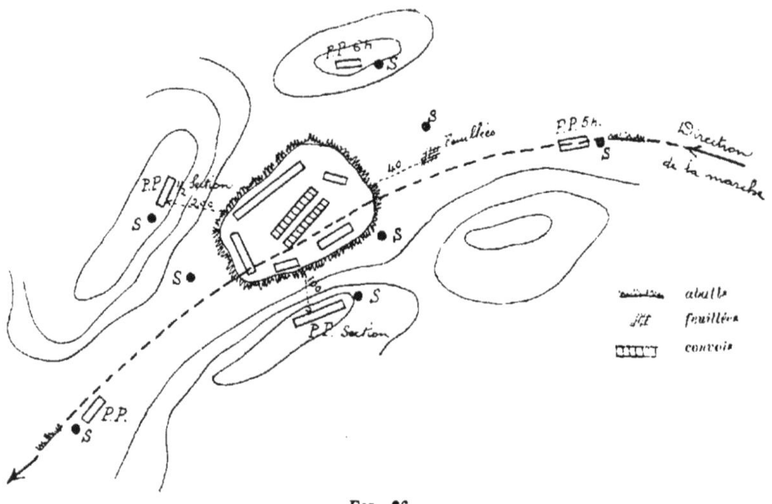

Fig. 26.

Service de sûreté d'un détachement bivouaquant dans des régions boisées.

titué parmi tous les officiers des groupes composant le
bivouac (sauf le commandant de la colonne), de même que
parmi les sous-officiers, est chargé de surveiller l'exécution
du service organisé pour assurer la police et l'ordre im
médiat dans le bivouac.

SERVICE DE SÛRETÉ EN STATION D'UN DÉTACHEMENT
DANS LES RÉGIONS MONTAGNEUSES.

Si le détachement cantonne dans un village entouré
d'une haie, il se conforme à ce qui a été dit pour le
service de sûreté dans les villages des deltas. Si, au contraire, il passe la nuit dans un village qui n'est pas ceint

d'une palissade, ou dans une grande pagode située dans
un endroit boisé, le commandant du détachement applique les règles de sûreté indiquées pour un détachement
qui bivouaque dans une région boisée.

Mais, lorsque le détachement bivouaque sur une hau-

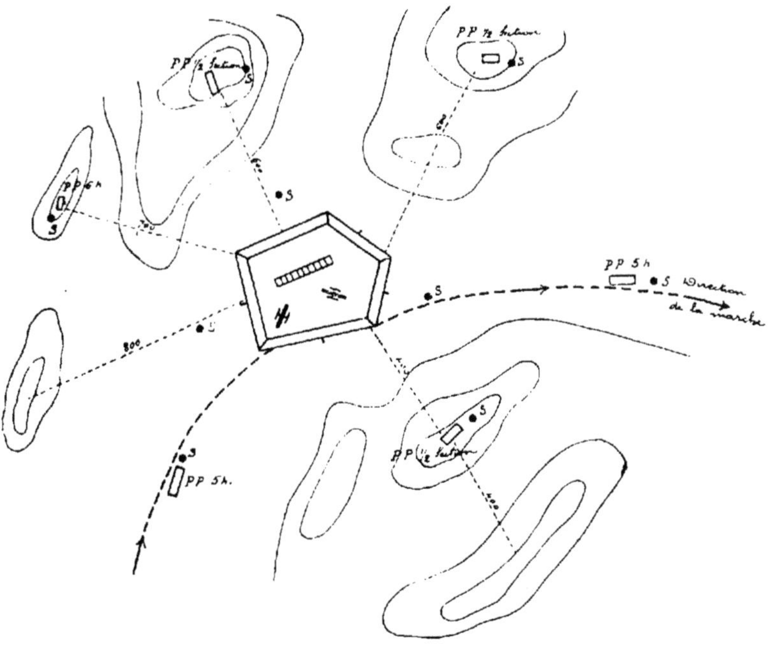

FIG. 27.

Service de sûreté d'un détachement bivouaquant dans une région
montagneuse non boisée.

teur déboisée ou dans une vallée dominée par des hauteurs
déboisées, le chef de détachement s'assure une zone
de protection dans un rayon de 600 mètres au moins,
en tenant tous les sentiers par des postes de quatre hommes commandés par un gradé et placés comme pour une
embuscade. Ces postes fournissent près d'eux une sentinelle
simple, relevée toutes les heures. Les hauteurs dominant

le bivouac, et situées à moins de 600 mètres, sont également occupées par des postes de six à vingt hommes, suivant la proximité de ces hauteurs.

En outre, le bivouac est gardé à environ 100 mètres, sur toutes les faces, par des sentinelles simples qui surveillent le terrain qui s'étend entre elles. Un service de ronde et de patrouilles est établi pour parcourir le terrain praticable situé entre les sentinelles du bivouac et celles fournies par les postes occupant les hauteurs. Il serait bon, en outre, d'établir un service de quart auquel participeraient tous les officiers des groupes bivouaqués (sauf le commandant de la colonne) et un autre pour tous les sous-officiers de ces mêmes groupes. Ces officiers, aidés par les sous-officiers qui feraient le quart en même temps qu'eux, seraient spécialement chargés de surveiller le service institué pour la police et la garde immédiate du bivouac. Mais le service de quart des officiers ne doit être institué que dans les circonstances graves, si l'on croit les rebelles à proximité ou, encore, si l'emplacement du bivouac présente quelque danger.

CHAPITRE VII.

Du combat.

———

COMBAT DANS LES DELTAS.

Le plus souvent, le combat dans les deltas, par suite de la nature même du pays, ressemble à la défense ou à l'attaque d'un défilé à flancs inaccessibles, ou bien revêt la forme d'un siège.

C'est donc parmi les moyens employés pour ce genre d'opérations qu'il s'agit de rechercher ceux qu'il conviendrait d'employer dans les deltas, en tenant compte des mœurs et des coutumes guerrières des habitants et des particularités climatériques et géologiques de ces régions.

Attaque d'une digue ou route mandarine défendue par des irréguliers et traversant des rizières ou des marais qui la rendent inaccessible à l'infanterie par l'un ou par ses deux côtés à la fois.

Lorsqu'il s'agit de lutter contre un ennemi qui défend une digue ou une route mandarine, il est une règle générale qu'on aura presque toujours tort de transgresser : c'est celle qui conseille de ne se résoudre à l'attaque de front que lorsqu'il sera absolument démontré qu'il est matériellement et moralement impossible de faire autrement. Or, huit fois sur dix, en y mettant le temps et la peine nécessaires, une attaque tournante et enveloppante est toujours possible. Pour le démontrer ou, mieux, pour exposer plus clairement les raisons de cette affirmation, nous

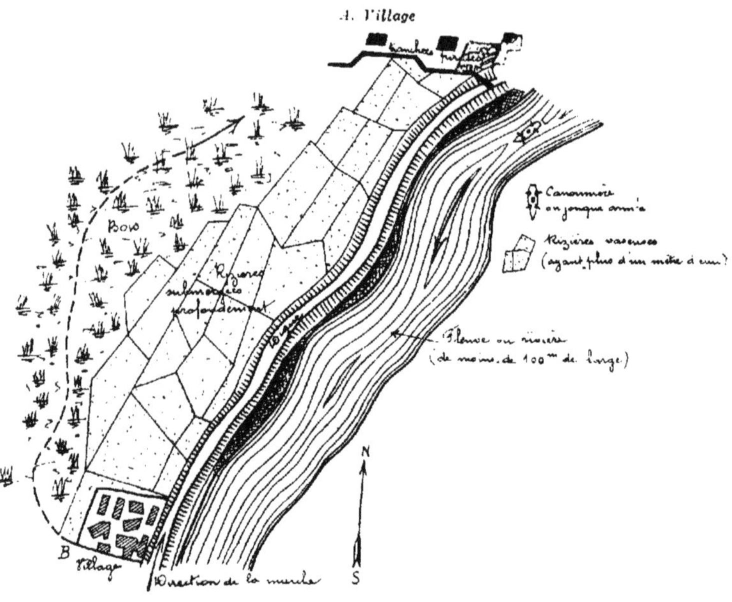

Fig. 28 (1).

Situation la plus générale d'une digue a flancs inaccessibles.

donnerons, par des croquis schématiques, les sites habituels où se trouvent ces digues, dans les divers deltas de la Chine et de l'Indo-Chine.

Ces croquis montrent que, sauf pour la situation indiquée par le n° 34, une attaque tournante ou enveloppante est toujours possible.

En effet, pour ce qui concerne l'attaque des tranchées placées près du village A de la figure 28, si le chef de déta-

____

(1) Position schématique occupée par les Pavillons-Noirs près de *Fou-Cha*, aux environs de *Son-Tay*, attaquée par la colonne de l'amiral *Courbet* en 1883.

chement a adopté le service de sûreté indiqué par les croquis nᵒˢ 8 et 9, il sera sûrement prévenu de la présence des pirates, alors que la tête du gros de sa colonne se trouvera encore à plus de 900 mètres des tranchées. Dans ces conditions, il n'aura qu'à maintenir son avant-garde sur place pendant qu'il se renseignera au moyen de sa flanc-garde montée, qui longera les bois enserrant les rizières sur la gauche de la position des pirates. Si sa flanc-garde affirme que les bois permettent à l'infanterie de progresser facilement et de s'approcher de la position en abordant son flanc gauche ou même ses derrières, il est tout naturel que l'avant-garde, déjà engagée, soit chargée de maintenir l'ennemi de front. En cas d'échec, elle pourra trouver un refuge auprès du convoi qui conservera la place qu'il occupait au moment de l'ouverture du feu, serrera sur sa tête et formera avec ses bagages, en travers de la digue, une barricade derrière laquelle l'arrière-garde et l'escorte du convoi prendront une position d'attente et formeront toujours une réserve générale sous les ordres immédiats du commandant de la colonne. Tout ou partie du détachement sera en outre mis à la disposition du commandant d'avant garde.

La mission très nette de celle-ci est de maintenir l'ennemi de front s'il essaye de se porter sur le convoi ; de le poursuivre ou de chercher à retarder sa fuite, suivant le cas, pour que les troupes exécutant le mouvement tournant ou enveloppant puissent arriver à temps et rendre la victoire plus décisive.

Avec le reste de l'effectif, les mitrailleuses et une partie de l'artillerie, s'il y a lieu, le commandant de la colonne (ou l'officier qu'il chargera de cette mission) exécutera une marche le long des bois pour venir déboucher sur le flanc gauche ou les derrières des pirates, dût-il, pour atteindre la lisière des bois, traverser, même pendant plusieurs heures, des rizières inondées. Nous posons d'ailleurs comme règle absolue que la perte de temps, pour les opérations dans les deltas, ne doit pas être considérée comme une raison pouvant faire adopter une attaque de front. Il est avéré que, lorsque les irréguliers de ces régions ont fortifié une position, ils la défendent, en s'y cantonnant, tant qu'une troupe d'un effectif quelconque fait mine de l'attaquer de front. Il n'y a donc pas à craindre que, dans le cas présent, les irréguliers quittent en nombre leurs tranchées pour venir s'opposer à la marche de la troupe engagée dans les rizières. Ils ne se décideront à exécuter une manœuvre de ce genre que :

1° Si l'attaque de l'avant-garde est devenue molle ou hésitante, par suite des pertes subies ou pour toute autre raison ;

2° Si leur effectif est au moins quatre fois plus fort que celui de l'avant-garde ;

3° Si la traversée de la rizière a lieu sous leurs yeux et à moins de 300 mètres environ de leurs positions ;

4° Si les bois sont assez épais et le terrain assez favorable pour dissimuler la marche de ceux d'entre eux allant au-devant des troupes chargées de l'attaque de flanc, ou enfin si ces bois peuvent les garantir des coups de mitraille ou des shrapnells de l'artillerie.

Si la colonne ne possède pas de flanc-garde montée et, par conséquent, si son chef ne peut être exactement renseigné sur la nature des bois qui enserrent les rizières, il agira prudemment en ne chargeant d'abord du mouvement tournant qu'un seul groupe (ou fraction constituée), accompagné d'une mitrailleuse si possible.

Dans ce cas, la mission des troupes attaquant de front est de pousser leur attaque à fond dès que le groupe qui a exécuté le mouvement tournant est entré en contact avec les pirates et est parvenu à moins de 300 mètres de leur position.

Mais, même dans ce cas, il serait souvent préférable de renforcer ultérieurement la troupe ayant achevé le mouvement tournant et d'attendre, pour pousser à fond l'attaque de front, que les pirates, fortement ébranlés dans leur résistance, soient sur le point de céder et de prendre la fuite.

Les pertes en hommes subies par l'assaillant dans une attaque de front, quelque habilement qu'elle soit menée, sont toujours supérieures à celles que lui aurait fait éprouver une attaque de flanc plus ou moins heureuse. Il ne faut, toutefois, pas perdre de vue que toute opération militaire coloniale doit tendre à infliger le plus de pertes possible aux irréguliers, car ce sont ces pertes qui, en définitive, leur servent de leçon et non pas le simple abandon d'une position fortifiée. Or, si on se contente de toujours menacer les flancs et surtout les derrières d'une position pirate avec une partie de la colonne, avant que l'autre partie soit en état de poursuivre efficacement, par le feu, les défenseurs en fuite ou de les aborder dans le cas où ils résistent, la victoire ne servirait de rien pour la pacification du pays ou pour obtenir la dislocation ou la soumission de la bande. Le propre des irréguliers est de fuir avec promptitude, lorsqu'ils sont quelque peu menacés sur leurs derrières, et de se rassembler ensuite avec une rapidité déconcertante.

L'attaque d'une position se rapprochant de celle représentée par le croquis n° 28 peut être complétée par l'envoi, sur la rive gauche du fleuve, — si celui-ci a moins de 300 mètres de largeur, — d'une mitrailleuse escortée par une vingtaine d'hommes et approvisionnée à 3.000 ou 4.000 cartouches portées par quatre coolies, accouplés deux par deux. Ce détachement, commandé par un officier aidé par un ou deux sous-officiers européens, pourra traverser le fleuve dans six paniers ou bateaux du pays, en bambous, jumelés par deux. Naturellement, la force de l'escorte à affecter à la mitrailleuse dépendra de l'effectif total de la colonne, de celui des pirates, de la largeur et de la nature du cours d'eau et, enfin, des renseignements qui auront pu faire connaître si la rive gauche est ou n'est pas occupée par les pirates.

Dans tous les cas, le commandant de la colonne, en répartissant ses forces pour les attaques combinées de front et de flanc, ne perdra pas de vue que chaque fraction détachée doit être assez forte pour résister assez longtemps à une attaque en force des irréguliers et pouvoir, s'il y a lieu, attendre la coopération et le secours du groupe le plus voisin.

En indiquant le but à atteindre à un chef de groupe qui doit agir loin de son action immédiate, le commandant de la colonne lui indiquera en même temps les signaux qui lui permettront de faire connaître qu'il a subi un échec ou qu'il a besoin d'être renforcé, le chemin à suivre en cas d'échec et le point sur lequel il devra se diriger en cas de retraite. Cette règle est générale pour tous les cas où un groupe doit agir séparément, tout en concourant au but commun poursuivi par toute la colonne.

Dans ce combat, la mission des mitrailleuses envoyées sur la rive gauche est d'abord de coopérer à l'attaque de la position au moment précis de l'assaut, ensuite de poursuivre, par leurs feux combinés avec ceux de leur escorte, les pirates au moment de leur retraite, pour leur infliger le plus de pertes possible.

Par contre, en cas d'échec, les mitrailleuses et leur escorte doivent couvrir les positions ennemies par un feu de flanc intense, de façon à empêcher les pirates d'en sortir pour contre-attaquer les troupes. Ainsi, ces dernières pourront limiter leur mouvement de recul, se faire renforcer ou renouveler leur assaut ou, le cas échéant, opérer une retraite méthodique et éviter de transformer leur échec en désastre. Bien entendu, les jonques armées

ou canonnières dont on pourrait disposer devront coopérer
à l'attaque et jouer le rôle indiqué pour la mitrailleuse envoyée sur la rive gauche.

Examinons maintenant les dispositifs qu'il conviendrait
d'adopter pour chasser les irréguliers de la position indiquée par le croquis n° 29.

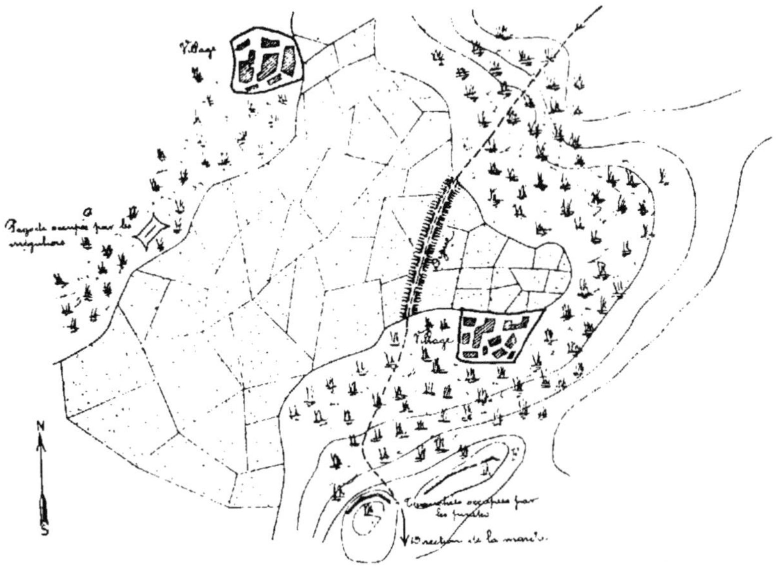

Fig. 29.

Situation assez générale d'une digue à flancs inaccessibles.

Il est évident que la troupe qui entreprendrait d'enlever
de front le village et les tranchées F, qui barrent le sentier
suivi par la colonne, en les attaquant par la digue, subi-
rait de fortes pertes par le feu de la part des pirates
défendant cette position et de ceux qui occupent, sur le
flanc de la digue, la pagode G. Il faut donc, quelle que
soit la viabilité des bois qui enserrent les rizières inondées traversées par la digue, se résoudre à les contourner
par l'est. L'attaque principale doit être dirigée, d'abord,

contre le village F, même si elle est obligée de perdre plusieurs heures pour se frayer un chemin au coupe-coupe. Puis, le village enlevé — en s'en servant, s'il y a lieu, comme point d'appui — elle s'emparera des tranchées en les attaquant par leur extrémité.

Mais, pour que les pirates soient rivés à leurs positions, et surtout pour qu'ils restent dans l'incertitude sur le point où se portera l'effort principal de l'attaque, le quart ou le tiers environ de la colonne, avec une partie des mitrailleuses et la plus grande partie de l'artillerie, sera affecté à une attaque de front qui, agissant surtout par son feu à longue distance, battra la pagode G, le village F' et les tranchées F simultanément, si possible, ou alternativement dans le cas contraire.

Les mitrailleuses auront, surtout, comme mission particulière d'empêcher les pirates d'attaquer, en s'y portant en masse par la digue, le convoi qui sera parqué à l'abri des vues et des coups en arrière et à proximité du groupe chargé de l'attaque de front.

L'artillerie de ce groupe devra, principalement, seconder les efforts des groupes chargés de l'attaque de flanc contre le village et les tranchées. En second lieu, elle sera chargée de couvrir d'obus la pagode G, particulièrement lorsque, en même temps que l'attaque de flanc, l'attaque de front se portera contre le village en s'y précipitant par la digue. Cette dernière attaque ne sera déclanchée que lorsque les clairons des groupes chargés de l'attaque de flanc feront entendre la sonnerie de la charge.

Il reste entendu que, pour tous les combats dans les deltas, l'arrière-garde et l'escorte spéciale du convoi restent toujours chargés de la défense et de la protection immédiate du convoi. Elles ne sont employées comme réserve générale que sur un ordre formel du commandant de la colonne. Rien ne s'oppose d'ailleurs à ce qu'elles interviennent énergiquement dans le combat, et d'elles-mêmes, par

leur feu, tout en restant près du convoi, et cela chaque fois
que l'occasion leur en sera offerte par les irréguliers se dé-
plaçant ou abandonnant leurs abris, soit pour fuir, soit
pour se porter à l'attaque d'une partie quelconque de la
colonne.

Pour l'attaque du village F, — comme en général pour
tous les villages, — les groupes qui en sont chargés doivent se porter, le plus possible, vers les derrières, de
façon à tenir sous les feux de l'artillerie et de l'infanterie
le terrain quelque peu dénudé qui s'y trouve généralement. Dès que cette condition sera obtenue, les mitrailleuses et l'artillerie, par un tir à 600 mètres et à mitraille,
s'efforceront de maintenir couchés les défenseurs des lisières, de les anesthésier, afin de permettre à la troupe
d'aborder ces lisières sans grandes pertes, ainsi que nous
l'exposerons au chapitre traitant des attaques de villages.

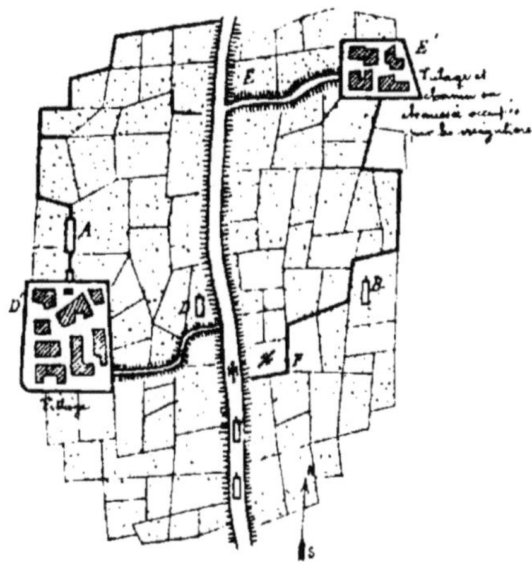

Fig. 30.

Situation d'une digue ou route mandarine qu'on rencontre fréquemment et
dont les flancs sont pratiquement inaccessibles pendant le combat et sous le feu
des irréguliers. Les digues séparant les rizières et marquées en gros traits indiquent les directions possibles à prendre pour tourner ou attaquer de flanc la
position des irréguliers.

Pour l'attaque du village et de la chaussée défendant la route mandarine du croquis n° 50, nous supposons que l'ennemi occupe le village E' et la chaussée E qui rejoint la route mandarine. Le groupe A et deux mitrailleuses exécuteront un mouvement tournant en traversant le village D et en utilisant les petites digues des rizières. de manière à aboutir sur le flanc droit de la position ennemie et à 600 mètres au moins de l'extrémité de la chaussée qui relie le village E' à la digue. Pendant sa marche, le groupe A augmentera l'amplitude de son mouvement parallèle à la digue autant qu'il sera nécessaire pour éviter l'efficacité trop grande du feu des ennemis occupant la chaussée E. Les mitrailleuses et leurs munitions seront portées par des coolies et des soldats à pied. En passant par le village D', on emportera, si on le peut, des paquets de bambous pour faciliter la marche du groupe qui suivra autant que possible les petites digues séparant les rizières.

La mission du groupe A est d'attaquer à fond la chaussée ; lorsqu'il arrivera à sa hauteur et à une distance d'environ 600 mètres, il la balaiera avec ses mitrailleuses. Pendant la retraite de l'ennemi, le groupe A devra le poursuivre surtout par son feu d'infanterie appuyé par les mitrailleuses.

Le groupe B quittera la digue vers le point F et prendra pour objectif l'extrémité est du village E', depuis sa porte jusqu'à l'angle est de son enceinte. Si le terrain le permet, il cherchera à contourner ce village pour menacer la ligne de retraite des défenseurs.

Les autres groupes resteront sous les ordres du chef de la colonne, pour engager à fond le combat de front, dès que les groupes A et B auront ouvert le feu à moins de 600 mètres de leurs objectifs respectifs.

Pendant que les groupes A et B chemineront, la plus grande partie de l'artillerie, placée à 800 mètres environ.

devra cribler d'obus la lisière du village; l'autre partie de l'artillerie canonnera la chaussée à moins de 500 mètres, appuyée par le feu de toute l'infanterie qui pourra trouver place sur la route mandarine du côté est, ou dans ses environs.

Une fraction constituée ou l'un des groupes conservés sous les ordres du commandant de la colonne s'efforcera, sous la protection de ce feu, de gagner du terrain en cheminant à l'abri, au bas et le long du côté ouest de la route mandarine. Arrivée à moins de 300 mètres de la chaussée, cette fraction engagera le combat, en évitant de gêner le tir de l'artillerie placée à 500 mètres environ en arrière et qui tire contre les défenseurs de la chaussée E.

Lorsque le groupe B aura enlevé son objectif, ou bien lorsque le groupe A aura commencé à mitrailler la chaussée, le groupe qui a gagné les approches de la chaussée E en longeant la digue se tiendra prêt à bondir sur les défenseurs de cette chaussée dès que le commandant de la colonne fera sonner la charge.

A cette sonnerie, l'artillerie et la mitrailleuse de la digue cesseront le feu; toutes les troupes chargeront sur leur objectif, sauf le groupe A qui restera en place ou se portera quelques dizaines de mètres en avant pour poursuivre, par le feu de ses mitrailleuses et celui de son infanterie, l'ennemi fuyant sous ses yeux vers le nord. Une fraction du groupe B contournera le village. Si l'attaque a réussi, l'artillerie et le convoi de la digue, avec les troupes qui les accompagnent, se porteront sans autre ordre vers la chaussée E, dès que les troupes de l'assaut s'en seront emparées.

En cas d'échec de l'assaut, l'artillerie, la mitrailleuse et les troupes qui occupent la digue et ses environs reprendront le feu et engageront de nouveau le combat afin de permettre aux groupes dont l'assaut a échoué de se reformer pour recommencer l'attaque ou battre en retraite sous la protection de leur feu. Pour cela, d'ailleurs, les troupes repoussées devront reculer de façon à ne pas masquer le feu des troupes restées en réserve sur la digue et ses environs.

Dans le cas où la digue est garnie d'un pont en son milieu et traverse un lac qui s'étend en tous sens à plus de 2 kilomètres de distance, l'attaque est certainement plus difficile.

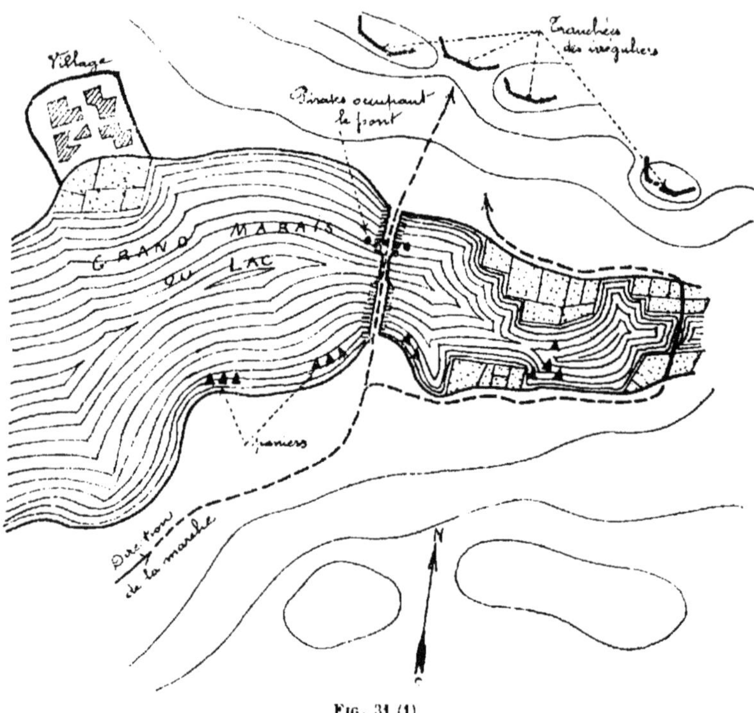

FIG. 31 (1).

Situation d'une digue à flancs inaccessibles ouverte en son milieu et garnie d'un pont couvert en bois.

Une digue de cette nature a été enlevée de vive force,

(1) *Van-Ban*. — Position pirate attaquée par la colonne mixte du capitaine *Lebigot*, de la légion étrangère, en 1887.

aux environs de Van-Ban (fig. 31), par la compagnie du capitaine Lébigot, tenant, en 1887, garnison à Hung-Hoa. Après l'avoir défendue pendant une heure, au moment où la légion étrangère donnait l'assaut au pont en bois couvert de paillotes, les pirates y mirent le feu pour rendre le passage impossible sans l'aide des paniers. Leur calcul fut cependant mis en défaut parce que nos hommes réussirent à circonscrire le feu à la toiture des paillotes. La bande fut mise en fuite et nos pertes furent d'un adjudant et de quelques hommes ; les pirates eurent également quelques hommes hors de combat.

Si la bande pirate avait été plus forte, malgré les 250 hommes et la pièce de montagne du capitaine Lébigot, la digue n'aurait certes pas été enlevée sans de très grosses pertes. Aussi, nous estimons que, lorsqu'une digue pareille est quelque peu défendue par une bande armée de fusils à tir rapide, il y a toujours avantage à recourir à l'un des deux modes d'attaque que nous allons indiquer :

1° Le premier, le plus pratique et le plus conforme à la règle que nous avons admise d'une façon absolue, est de se résoudre à contourner la nappe d'eau, même si, pour cela, on doit s'ouvrir au coupe coupe et parcourir péniblement une piste de 2 à 3 kilomètres, opération qui ne demandera jamais, dans les bois des deltas, plus de deux à trois heures.

Pendant qu'un ou quelques groupes, sous les ordres du commandant de la colonne et accompagnés des mitrailleuses, exécutent ce travail et ce mouvement tournant, une autre fraction, plus faible que la précédente, prendra position en face de la digue, se retranchera dans toutes les directions et utilisera le feu de toute l'artillerie de la colonne pour fixer l'ennemi et l'empêcher de fuir. Si, malgré cela, l'ennemi renonce à la lutte, le groupe chargé du combat de front traversera cette digue, avec l'artillerie et le convoi et ira prendre position à son autre extrémité, se contentant de poursuivre l'ennemi par son feu. D'autres fois, s'il y a lieu, il engagera le combat avec les pirates si ceux-ci abandonnent la défense de la digue, avec l'intention de se porter au-devant des groupes qui exécutent le mouvement tournant.

Dans ce cas, le convoi et son escorte spéciale restent seuls près de l'extrémité conquise de la digue et se retranchent. L'artillerie et le groupe de l'attaque de front et même — si l'escorte du convoi est suffisante pour sa sécurité — la fraction de l'arrière-garde se portent, réunis sous les ordres du plus élevé en grade, à la rencontre du commandant de la colonne. Ils s'efforcent de prendre les irréguliers entre deux feux ou tout au moins de rejoindre, le plus tôt possible, l'autre fraction de la colonne, afin de mettre ainsi le chef de celle-ci en état de disposer de tout son monde pour un combat ou une poursuite ultérieure.

2° L'autre mode d'attaque, comportant quelques aléas, consiste à réunir une dizaine de paniers indigènes — ce qui ne manque jamais dans les grands marais ou lacs indo-chinois — ou à prendre simplement ceux que la colonne fait porter à sa suite. Ces paniers, accouplés deux par deux, ainsi que nous l'avons indiqué précédemment, serviront à faire passer rapidement, sur l'autre rive du lac, un groupe ou deux et une mitrailleuse. Deux paniers de petite taille accouplés peuvent porter, à chaque voyage, dix à douze soldats indigènes ou une mitrailleuse avec ses servants européens et ses munitions. Si la colonne possède six paniers et en trouve autant sur les bords du petit lac, trois voyages permettront de transporter d'un bord à l'autre, en quinze minutes environ, cent soldats indigènes et une mitrailleuse.

La mission de ce groupe est, surtout, de menacer la retraite des pirates et de coopérer à l'attaque de front par une attaque de flanc, dirigée contre les ennemis défenseurs de la digue ou contre ceux d'entre eux qui voudraient s'opposer à cette attaque de flanc. L'attaque, menée à fond jusqu'à l'assaut de la digue, sera précédée d'un feu violent et à mitraille de toute l'artillerie et de toutes les mitrailleuses disponibles ainsi que de la réserve d'infanterie, qui couvriront d'une pluie de balles les abords du lac et de la digue occupés par l'ennemi, tant que les troupes d'assaut n'y auront pas pris pied.

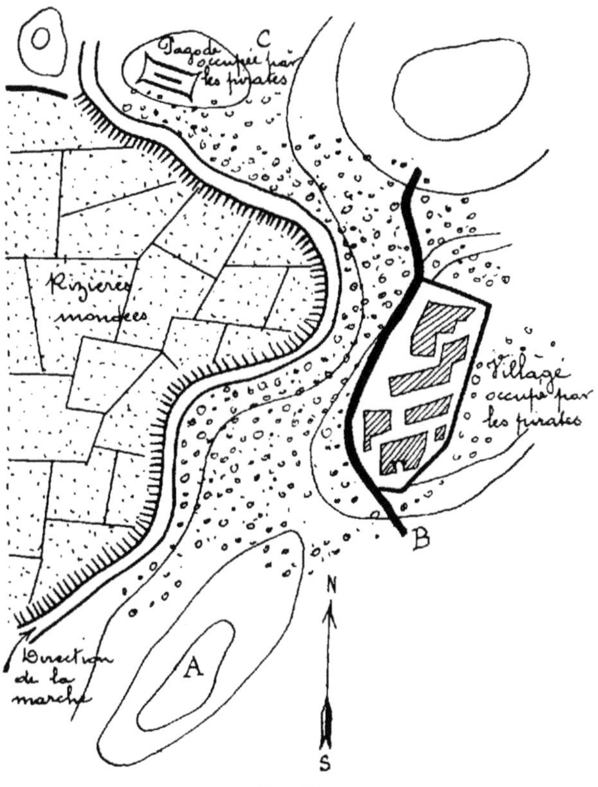

FIG. 32.

Route mandarine longeant un bois et inaccessible par l'un de ses flancs.

Dans le cas où (fig. 32) les pirates défendraient l'accès d'une route mandarine dominée par le village G et la pagode C, qu'ils occupent, il faudra déboîter de la route avec toutes les troupes et le convoi, se porter tout d'abord sur les croupes boisées AB, ensuite mettre le convoi sur le revers sud de ces croupes, à l'abri des balles tirées de la pagode et du village, et se porter à l'attaque.

Une des pièces d'artillerie tirera, de préférence, sur la pagode C ; l'autre pièce appuiera l'attaque secondaire d'un groupe d'infanterie contre l'extrémité ouest du village, pendant que la plus grande partie de la colonne et les mitrailleuses chercheront à prendre à revers le village et les positions ennemies en attaquant le saillant et la face sud du village.

Si le terrain présente les conditions données dans le croquis n° 33, l'attaque de la position qui défend l'accès de la digue pourra être faite de la manière suivante :

Le groupe de l'avant-garde et toute l'artillerie se porteront vers le promontoire E et ouvriront aussitôt le feu contre tout le front de la position ennemie. Toutefois, l'artillerie surveillera attentivement le mamelon F, et, dès qu'elle verra ou apprendra que ce point a été occupé par une fraction de la colonne, elle concentrera le feu de toutes ses pièces sur les retranchements qui couronnent la hauteur P'' pour couvrir la marche de la colonne et l'assaut qui doit suivre. Cette hauteur conquise, l'artillerie dirigera, s'il y a lieu, son feu sur la hauteur P, pour y préparer également l'assaut de la colonne. Si l'ennemi ne bat pas en retraite, une grande partie du groupe qui occupe la hauteur E concourra à l'assaut, en se portant contre le front de la hauteur P, à travers les rizières et en utilisant, autant que possible, les digues qui les partagent en damiers. Toute la colonne, abandonnant sur place le convoi avec son escorte, se portera — en se frayant, au besoin, une piste avec le coupe coupe — à l'abri des bois et des hauteurs G, B et F, vers l'extrémité gauche de la position ennemie. L'arrière garde se dirigera vers l'entrée de la

digue et ouvrira le feu sur la hauteur P'', pour contribuer
à maintenir les pirates dans le doute sur la véritable direction de l'attaque principale.

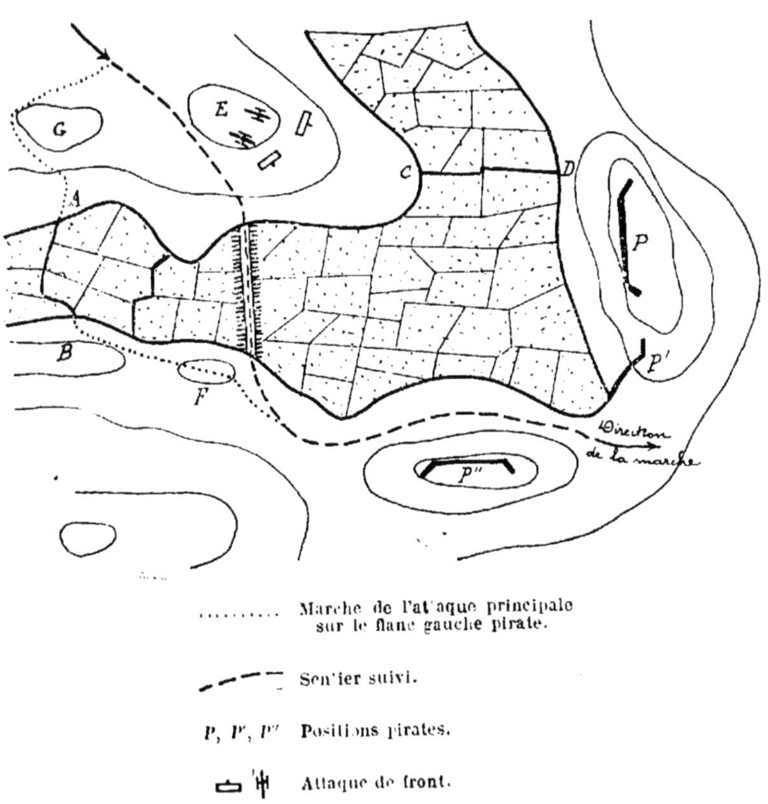

.... Marche de l'attaque principale
           sur le flanc gauche pirate.

— — — Sentier suivi.

P, P', P'' Positions pirates.

Attaque de front.

A B et C D Petites digues utilisées pour la
            marche et la traversée des
            rizières vaseuses et inondées.

Fig. 33.

Digue traversant des rizières inondées et dominées par les positions pirates.

Étant données la configuration du terrain et la nature
boisée de la hauteur, il y aura des chances pour qu'on
puisse dissimuler jusqu'au dernier moment, sinon le mou-

vement opéré par la troupe vers l'extrémité sud de leur ligne, tout au moins la gravité et l'importance de ce mouvement, ce qui importe le plus à la réussite de l'attaque.

Cette considération doit, d'ailleurs, déterminer principalement le choix du point où la troupe chargée du mouvement décisif devra opérer la traversée du terrain découvert. Il faut que l'ennemi ignore, jusqu'au dernier moment, quelle est la troupe qui doit exécuter l'attaque décisive. Pour cela, outre les moyens indiqués pour le maintenir dans le doute, il faut que tous les groupes, même ceux qui, en aucun cas, ne doivent faire un seul pas en avant, entretiennent un feu intermittent et par rafales violentes qui intimidera les pirates et leur fera appréhender, à chaque instant, une irruption de nos troupes au milieu de leurs lignes.

En résumé, pour l'attaque des digues, ponts et routes à flanc plus ou moins accessibles, on se conformera aux quelques règles générales qui suivent et qui devront être toujours observées, sauf impossibilité absolue.

Ne jamais chercher à enlever une des positions dont il s'agit, par une attaque de front, quelque bien préparée qu'elle soit par le feu ; car, lorsque ces attaques sont dirigées contre des défilés défendus par des bandes nombreuses et aguerries, elles coûtent trop cher aux troupes et sont, le plus souvent, relativement peu meurtrières pour les irréguliers. Un exemple pourra venir à l'appui de nos dires, sans que cette citation puisse être considérée comme une critique en ce qui concerne la conception et l'exécution de l'opération. Nous voulons parler de l'enlèvement des lignes de Fou-Sa, près de Song-Tay, aux abords du fleuve Rouge, par les troupes de l'amiral Courbet.

En Europe, une attaque directe et de front s'impose quelquefois, dans ces conditions, parce qu'une armée peut manquer d'équipages de pont ou parce que le franchissement du cours d'eau sur un autre pont nécessiterait une marche d'un ou plusieurs jours, ce qui pourrait contrarier et retarder d'une façon irréparable l'exécution du plan de campagne. Mais tel n'est pas le cas dans le Delta chinois et indo-chinois, où l'étendue et la profondeur des rizières et des lacs traversés par une digue ne sont jamais un obstacle absolu à la marche de l'infanterie, et où la largeur des

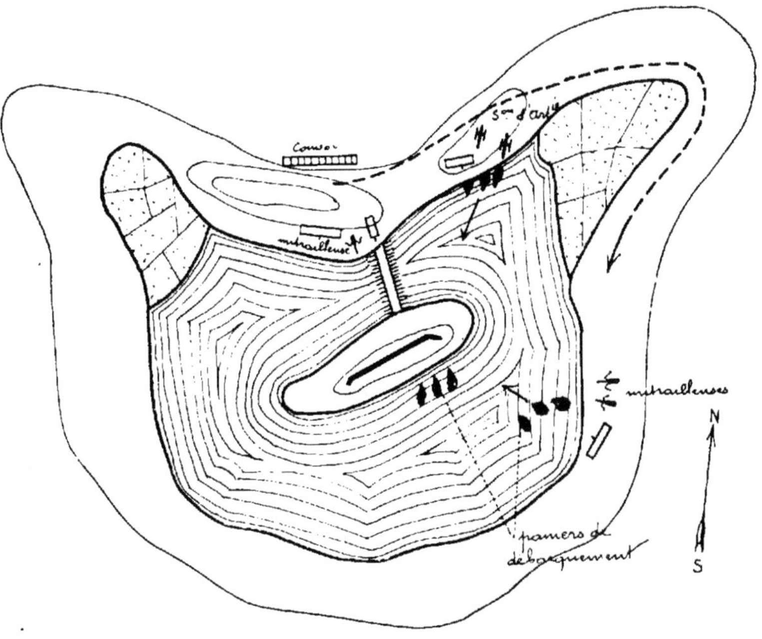

FIG. 34.

Digue ou pont reliant un îlot au bord d'un lac ou d'un marais et occupé par des pirates.

L'îlot est attaqué par son extrémité N. E. à l'aide de paniers ou de radeaux de bambous, opérant un débarquement sous la protection de l'artillerie et concurremment avec l'attaque de front de la digue exécutée par une partie du détachement.

cours d'eau traversés par un pont dépasse rarement une cinquantaine de mètres. En admettant même que les cours d'eau, marais et rizières ne soient pas praticables, on trouvera très facilement, pour des petits détachements — seuls envisagés dans cette étude — des paniers du pays ou des radeaux en bambous capables de transporter, en peu de temps, quelques centaines d'hommes d'un bord à l'autre. Une colonne bien organisée doit être pourvue de quatre à six paniers portés chacun par deux ou quatre coolies. Des radeaux, construits avec les bambous qui se trouvent en abondance dans ces régions, peuvent être confectionnés dans l'espace de trente minutes à une heure ; ils transportent facilement chacun dix hommes avec armes et bagages.

Ne pas suivre, pour l'attaque tournante, la direction dans laquelle la marche est facilitée par l'existence d'un sentier ou la plus faible épaisseur de la brousse, mais celle qui menacera le plus efficacement la ligne de retraite ennemie, ou bien celle qui peut conduire vers une hauteur dominant la position attaquée, ou enfin, et surtout, celle qui dissimulera le plus longtemps la marche et cela, même, s'il faut s'ouvrir une piste avec le coupe-coupe.

Affecter, de préférence, à l'attaque de front, l'artillerie et le quart au plus de l'effectif disponible. Les faire appuyer, s'il y a lieu, par les feux de l'escorte du convoi et de l'arrière-garde, formant réserve générale à la disposition unique du commandant du détachement.

Laisser, toujours, le convoi à l'abri et sous la protection de son escorte, auprès des troupes chargées de l'attaque de front. Ainsi allégée, la plus grande partie de la colonne, suivie de ses mitrailleuses et — si le sentier le permet — d'une pièce d'artillerie, exécutera le mouvement tournant ou enveloppant et sera toujours chargée de l'attaque décisive.

Adjoindre une mitrailleuse aux troupes chargées de l'attaque de front, lorsque leur effectif ne paraît pas suffisant pour résister à une contre attaque exécutée par les défenseurs de la digue. Cette mitrailleuse pourra, au mo-

ment voulu, balayer la digue plus efficacement que ne le
ferait la mitraille de l'artillerie. Mais ces contre attaques,
tout à fait rares, ne sont exécutées à fond par les irréguliers

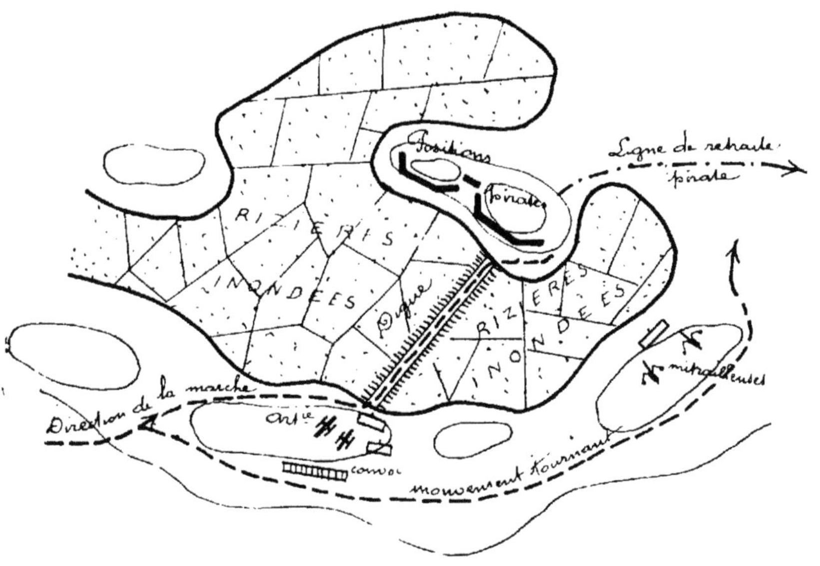

Fig. 35.

Direction menaçant la retraite des pirates.

indo-chinois et chinois que lorsqu'ils prennent un mouvement des troupes de l'attaque pour le commencement de la
retraite ou de la fuite.

Expliquer dans tous les cas et avant d'engager le combat
à fond, le plan de l'attaque à tous les officiers, ou du moins
à tous les chefs de groupe.

Ne jamais abandonner ou changer le plan adopté, même
si l'on a commis des erreurs d'évaluation sur l'effectif des
irréguliers, sur l'étendue de leur position ou l'accessibilité
du point donné comme objectif à la troupe chargée de
l'attaque décisive. C'est en redoublant d'activité, d'énergie,

d'opiniâtreté, qu'on cherchera à pallier les erreurs commises dans la conception du plan d'attaque.

Les pertes en hommes, même considérables, subies par

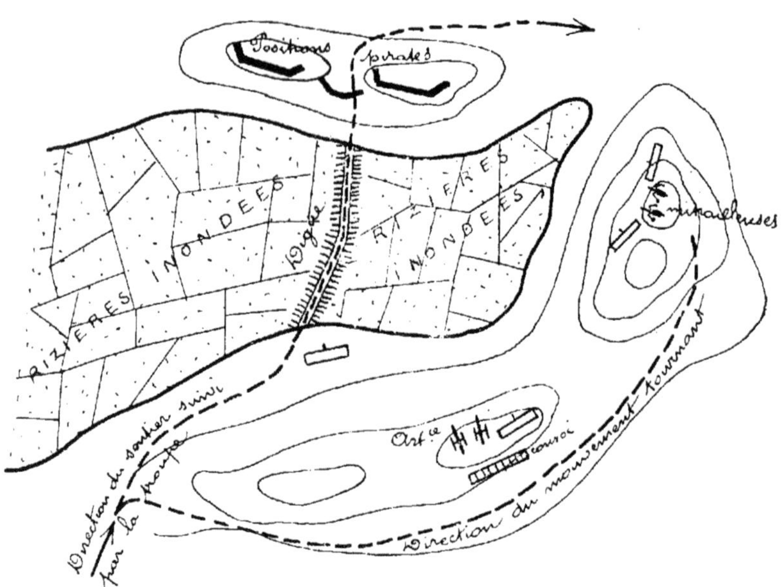

Fig. 36.

Direction conduisant à une hauteur dominant la position des pirates, menaçant leur ligne de retraite et dissimulant la marche de la troupe.

les groupes chargés des attaques de front, tournante ou décisive, ne doivent jamais entraîner une modification du plan de l'attaque générale. Elles devront, plutôt, amener le commandant de la colonne et les chefs de groupe à redoubler d'énergie et à brusquer le dénouement, en faisant appeler, s'il le faut, sur la ligne de feu, jusqu'au dernier homme même de l'escorte du convoi. Ainsi l'adversaire ne s'apercevra pas de son succès partiel, et le redoublement de vigueur de la troupe d'attaque pourra lasser sa persévérance et le décider à la retraite.

Pour une troupe victorieuse, les ressources du convoi, pillées pendant le combat par un détachement ennemi, sont presque toujours faciles à remplacer ; une troupe victorieuse en prendra même gaiement son parti. Tandis que la même troupe, battue pour n'avoir pas voulu faire appel, pendant le combat, à l'escorte du convoi, est encore exposée à perdre ce convoi pendant sa retraite ; si elle réussit à le conserver, ce sera toujours en échange de son honneur militaire, gravement compromis par la défaite.

Ne pas oublier, chaque fois que l'attaque de front est combinée avec une attaque de flanc, que, si l'attaque de front est faite trop violemment, et si l'ennemi n'est pas décidé à résister sérieusement, la troupe exécutant le mouvement tournant arrivera le plus souvent en retard et donnera probablement dans le vide.

Dans cette guerre de partisans, l'attaque de front n'a pas comme but principal de fixer l'ennemi sur sa position, comme cela est indispensable contre les troupes manœuvrières européennes, mais de l'occuper et de le distraire pendant que le mouvement enveloppant s'exécute hors de ses vues, ou bien, de le tenir dans le doute sur la direction la plus dangereuse de l'attaque et sur l'effectif des groupes, lorsque le mouvement tournant ne s'exécute pas complètement à l'abri des vues.

Le commandant des troupes de l'attaque de front augmentera ou diminuera l'intensité de son feu, quelquefois même simulera un léger mouvement de recul pour donner ainsi au commandant des troupes chargées du mouvement tournant le temps et la quiétude nécessaires pour arriver, à portée efficace des armes, sur le flanc de la ligne de retraite ennemie.

Agir autrement, c'est ne réussir presque jamais à s'emparer des armes et des corps des irréguliers blessés ou tués pendant le combat ; or, comme les pirates mettent tous leurs soins et toute leur diligence à enlever les murs et à

sauver les autres, le fait seul d'avoir pu s'en emparer constitue toujours une preuve irréfutable d'un sérieux échec subi
par les irréguliers.

*Attaque des villages et des positions pirates couvertes par
une nappe d'eau sur une ou plusieurs de leurs faces à la
fois.*

Comme pour les digues et les routes mandarines, les
sites environnant les villages des deltas chinois et indo-
chinois se réduisent, au point de vue militaire et dans leurs
lignes générales, aux quelques types dont nous donnons
ici les croquis.

Le mouvement qui impressionne le plus les irréguliers
est celui qui paraît menacer leur ligne de retraite. D'autre
part, comme l'attaque a tout intérêt à ce que la résistance
ne soit pas trop acharnée, elle évitera de cerner complètement et de toutes parts la position, même si ses effectifs
et le terrain le lui permettent. Cela n'implique pas, d'ailleurs, pour l'attaque, l'abandon de la faculté d'avoir des
troupes tout autour du village en vue d'infliger aux irréguliers le plus possible de pertes, quelle que soit la direction
qu'ils prennent pour s'enfuir.

Pour cela, il suffit de garnir de troupes les directions qui semblent le mieux rendre la position intenable
pour ses défenseurs. Par contre, il ne faut ni surveiller
ni occuper d'une manière apparente la direction que les
pirates paraissent avoir tout intérêt à prendre pour fuir
et disparaître. La troupe chargée de ce secteur de surveillance se considérera plutôt comme en embuscade et
n'interviendra, en cas de succès de l'attaque décisive, que
lorsque les pirates auront sérieusement engagé leurs forces
dans le mouvement de retraite. Il faut donc, pour éviter
à la troupe embusquée toute méprise ou toute tentation
d'intervenir dans la lutte, lui assigner un point d'attente

situé à 600 mètres au moins du lieu du combat et dont
l'éloignement variera suivant la configuration du terrain
et le plus ou moins de sang froid, de coup d'œil et d'expérience du chef.

Après la menace sur leur ligne de retraite, les irréguliers
redoutent, particulièrement, de se sentir dominés, même
si la hauteur occupée par leurs adversaires est peu importante, ainsi que nous l'exposerons dans l'étude du combat dans les régions montagneuses. Et cela tient à ce que,
comme jadis en Europe, au temps des armes de jet à
petite portée, ils considèrent comme le plus important fac-
teur d'une bonne position défensive les obstacles naturels
et les difficultés qu'une ascension pénible impose à l'assaillant.

L'importance d'un bon champ de tir et d'une position
défensive, favorisant le passage à l'offensive ou à une
contre attaque générale, paraissent le plus souvent leur
échapper. Ils s'inquiètent un peu plus du flanquement des
diverses positions qu'ils occupent ; mais encore, sur ce
point, ils donnent la préférence aux feux de front étagés
ou à une ligne de feux abritée derrière des créneaux et
garantie en avant par une palissade en bambous, par des
petits piquets et des abatis.

Dans la pratique, toutes les attaques se réduisent, au
moment de l'acte décisif, à une attaque de front, à un assaut. Les mouvements tournants ou enveloppants, en dehors
du grand avantage moral qu'ils procurent, ont surtout
pour but de donner le bénéfice de la surprise complète ou
relative, suivant les circonstances et le terrain ; ils permettent encore à l'attaque de pouvoir choisir et utiliser
un terrain plus favorable à sa marche et à son développement que celui que la défense paraît lui avoir réservé
par la façon dont elle a organisé sa position. Aussi, lorsque l'on se décide à passer à l'attaque brusquée, ne doit on

se porter en avant qu'après avoir fait couvrir de feux la partie de la position à enlever.

De plus, les troupes qui ne participent pas à l'attaque proprement dite, même la réserve générale et l'escorte du convoi, doivent être employées à couvrir de leurs feux ajustés et nourris les portions de la ligne ennemie qui ne sont pas destinées à subir l'assaut ; elles tiendront ainsi l'ennemi, jusqu'au dernier moment, dans le doute sur les points choisis comme objectifs de l'assaut.

Dans les deltas, à cause du sol bourbeux, l'assaut ne sera pas ordonné à plus de 100 mètres, au maximum, de la portion de ligne à enfoncer ou du point à enlever, pour que la troupe puisse arriver sur la ligne du feu coude à coude, avec ensemble et d'un seul bond.

Une attaque ainsi faite impressionne toujours sérieusement les irréguliers, car ils se sentent incapables d'en faire autant contre un adversaire abrité derrière une position retranchée et d'affronter une masse hérissée de baïonnettes dès qu'elle est près de les atteindre. Par inexpérience, tradition. parce qu'ils sont dépourvus de baïonnettes, ou plutôt parce que la fuite, en cas d'échec, devient très problématique, les irréguliers ont horreur des mêlées. Dans tout irrégulier, même pendant les moments les plus héroïques, sommeille toujours l'âme d'un fuyard.

Il est incontestable que, pour arriver à moins de 100 mètres de la position ennemie sans subir de grandes pertes, il faut du temps et de l'habileté dans l'utilisation du terrain, de manière à réserver toute son ardeur et son héroïsme pour l'assaut à la baïonnette.

Enfin, si l'assaut échoue, il nous paraît imprudent de reculer à plus de 100 mètres de la ligne où la troupe d'assaut a dû s'arrêter et faire demi-tour. L'ennemi n'a pas, dans ces conditions, et étant donnée la façon dont il protège le front de sa position, le temps de sortir de ses tranchées pour transformer en déroute le mouvement de retraite. En outre, la reprise du mouvement en avant sera plus rapide et les réserves auront le temps d'intervenir, non pas pour recueillir des fuyards, mais pour renforcer la troupe d'assaut et lui permettre de recommencer son effort.

L'idéal, en cas d'échec, est de ne pas dépasser, dans le mouvement de recul, le dernier abri d'où est partie la troupe pour donner l'assaut.

C'est en prenant comme règles de conduite ces quelques considérations, fruits d'une expérience acquise principalement pendant la conquête du Tonkin, pendant la campagne de Formose et celle de Chine, que nous examinerons sommairement la façon dont il convient d'aborder les positions ou les villages des deltas indo-chinois et chinois, lorsqu'ils sont entourés d'une enceinte de bambous et occupés par des irréguliers en force et décidés à les défendre.

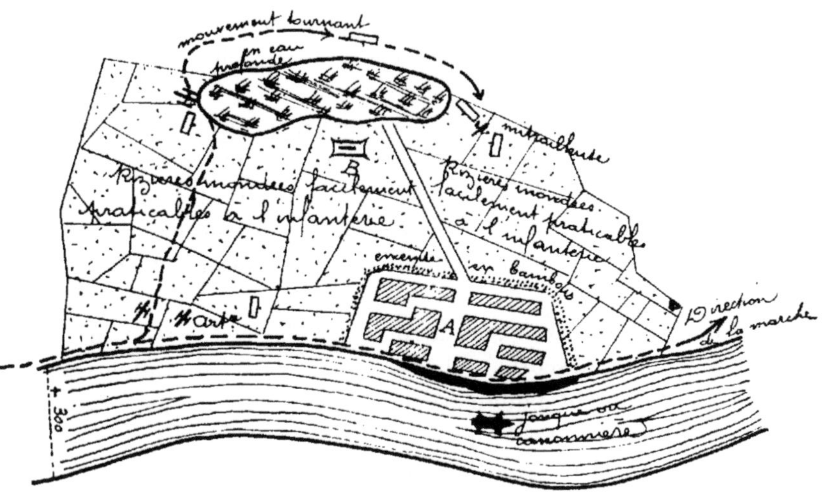

Fig. 37.

A. — Situation ordinaire d'un village chinois ou indo-chinois dans les deltas, occupé, ainsi que la pagode B, par des irréguliers.

Pour l'attaque du village A du croquis n° 37, un tiers des troupes sera déployé à travers les rizières inondées, mais praticables à l'infanterie, pour dessiner une attaque de front contre le village et la pagode ; on affectera chacun de ces objectifs à des groupes distincts sous les ordres de chefs différents et opérant sous la direction générale du commandant de la colonne.

Toute l'artillerie et une mitrailleuse coopéreront à l'attaque de front. Les deux autres tiers de la colonne, avec une mitrailleuse, exécuteront à travers les rizières, et à 600 mètres au moins de la pagode, un mouvement tournant pour venir menacer la ligne de retraite des ennemis. Une fraction de ces troupes restera sur les derrières de la pagode et, protégée par le marais contre un contact du gros des irréguliers, contribuera spécialement à la prise de la pagode. Ce résultat obtenu, elle se portera vers son groupe pour lui servir de réserve.

On ne doit considérer une fraction comme isolée et en danger que lorsqu'elle sera hors de la portée efficace des armes des fractions voisines, c'est-à-dire à plus de 700 mètres de distance.

Il est entendu que, si la colonne dispose d'une canonnière ou d'une jonque de guerre armée d'un canon-revolver ou de mitrailleuses, ceux-ci contribueront à l'attaque du village et surtout à la poursuite par le feu des irréguliers en retraite, en remontant au besoin en amont du village.

Le convoi restera sur la route mandarine, sous la protection de son escorte et de son artillerie ; les mitrailleuses accompagneront l'infanterie dans ses mouvements à travers les rizières.

Aux eaux basses, il se trouve souvent, au pied des digues qui retiennent les cours d'eau, de petites plages qui sont en angle mort par rapport au village. Ces plages peuvent être utilisées pour faire cheminer une partie des trou-

pes à l'abri des faces du village donnant sur le fleuve ou
même pour les contourner de ce côté et se porter en amont,
de manière à prendre ainsi le village entre deux feux.

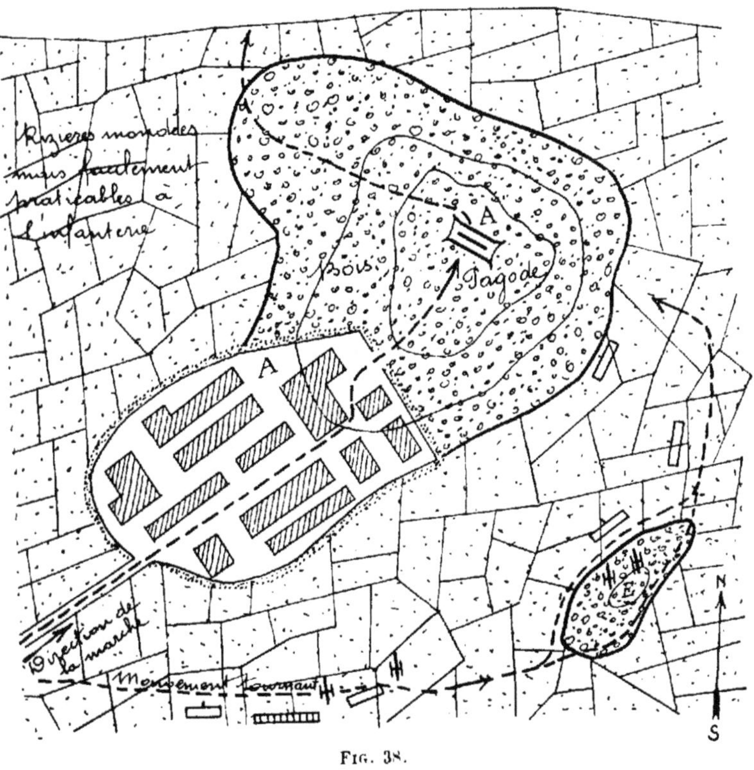

FIG. 38.

Village situé sur une éminence boisée, entourée de rizières inondées mais
facilement praticables à l'infanterie. Pagode A et village A occupés par les irréguliers. A droite et à quelques centaines de mètres, se trouve une petite éminence
boisée E. Enceinte du village en bambous.

Le village A du croquis n° 38 sera attaqué par sa face
est : d'abord parce que l'artillerie peut, en utilisant la petite
éminence boisée E. avoir des vues dans le village et, en
même temps, être en état d'enfiler, par son tir, toute la
face nord du village, ainsi que la face sud de la pagode ;

Tactique.   8 ensuite, parce que, la pagode enlevée, les défenseurs du village n'y resteront pas, leur ligne de retraite étant menacée. Or, la pagode couronne un mamelon boisé ; elle a, par conséquent, un champ de tir restreint. Attaquée par la plus grande partie de la colonne et battue par toute l'artillerie, elle ne pourra tenir longtemps, d'autant plus

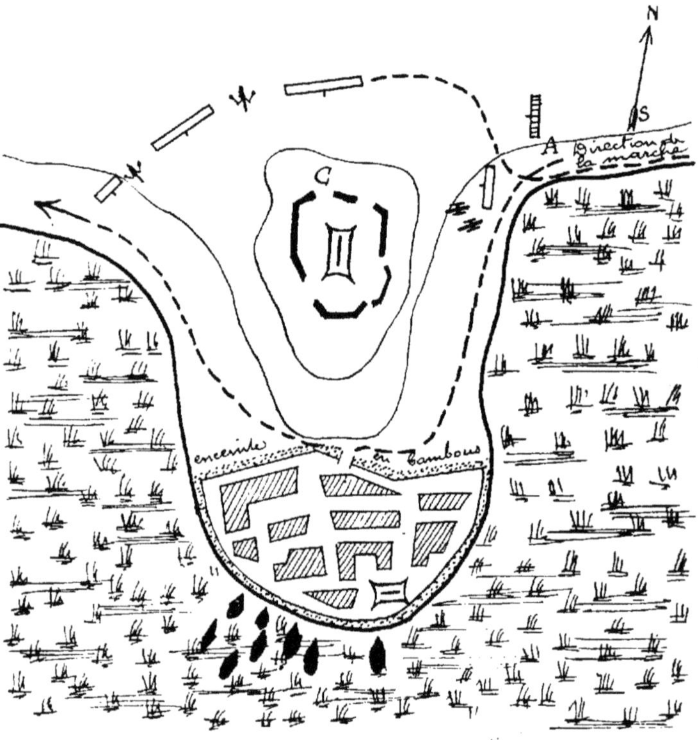

Fig. 39.

Village occupé par les pirates sur une presqu'île formée par les eaux d'un lac ou d'un marais et dominé par un mamelon couronné d'une pagode C en bois et maçonnerie et également occupé par les pirates.

qu'elle n'est, forcément, occupée que par la plus petite fraction des irréguliers, en raison de sa faible capacité. En outre, sous les obus de l'artillerie et les balles des fractions d'infanterie, les défenseurs ne pourront pas tirer efficacement pour arrêter les troupes chargées de l'assaut. Ne pouvant éviter un abordage qui devient imminent, ils s'enfuiront.

La pagode étant enlevée, si les pirates persistent à défendre encore le village, l'artillerie se portera à la pagode pour coopérer à l'attaque de l'infanterie dirigée sur la porte nord du village, et surtout pour la préparer.

Les mitrailleuses, sous la protection de l'escorte du convoi, occuperont les défenseurs de la face sud du village et leur interdiront toute sortie par la digue qui y donne accès.

Pour l'attaque du village situé sur une presqu'île, tel qu'il est figuré par le croquis n° 39, le gros de la colonne quittera, en A, le sentier suivi en y laissant toute l'artillerie, le convoi, son escorte et l'arrière-garde pour combattre et occuper les défenseurs de la pagode C, ainsi que ceux de la face est du village.

Il se portera ensuite vers la face nord et l'angle nord-ouest de la pagode, sur laquelle, aidé de toute son artillerie et de ses mitrailleuses, il dirigera une attaque concentrique. Une fraction pourra s'embusquer sur la ligne de retraite ennemie, indiquée par le sentier à l'ouest de la pagode. Celle-ci enlevée, si les pirates continuent la résistance, l'artillerie et les mitrailleuses y seront conduites ; de ce point, elles pourront, soit attaquer la face nord du village et préparer l'assaut, soit rendre périlleuse la retraite des pirates par le lac, à l'aide de paniers ou par le sentier, dans la direction de l'ouest.

Pour enlever le village du croquis n° 40, on laissera le convoi en C sous la protection de son escorte et de l'arrière-garde. Toute la colonne, prenant les précautions voulues, traversera, rapidement et par fractions, les rizières à plus de 700 mètres de la face sud du village et s'emparera du mamelon B où s'installeront un groupe et une pièce d'artillerie face au village. Sous la protection de ce groupe, toute la troupe chargée du mouvement tournant marchera, à l'abri de la croupe AB, vers la hauteur A dont elle s'emparera de vive force en brusquant son attaque, dans le cas où l'ennemi l'aurait occupée. Dans ce dernier cas, la colonne, aidée des mitrailleuses et de l'artillerie — dont une pièce est postée à bonne portée en B

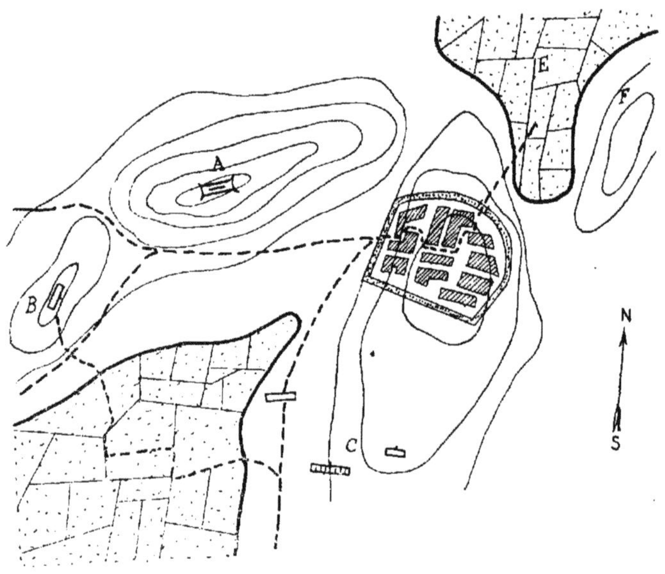

Fig. 40.

Village (occupé par les pirates) situé sur une hauteur boisée encadrée de rizières inondées facilement praticables et dominé par une hauteur couronnée d'une pagode en bois et maçonnerie.

— enlèvera presque à coup sûr la pagode, pour les raisons déjà données (croquis n° 38).

La hauteur A conquise, une mitrailleuse et un groupe seront immédiatement dirigés vers la ligne de retraite des pirates, en EF. Le reste du gros de la troupe qui s'est emparée de la hauteur A attaquera la face ouest du village, aidé par toute l'artillerie en batterie sur les hauteurs B et

A. La plus grande partie du groupe B descendra de cette hauteur pour coopérer à l'attaque de la face ouest du village pendant que l'arrière-garde menacera la ligne de retraite des pirates en faisant feu sur la face sud-est et en alternant son feu avec des bonds au pas de course dans la direction F.

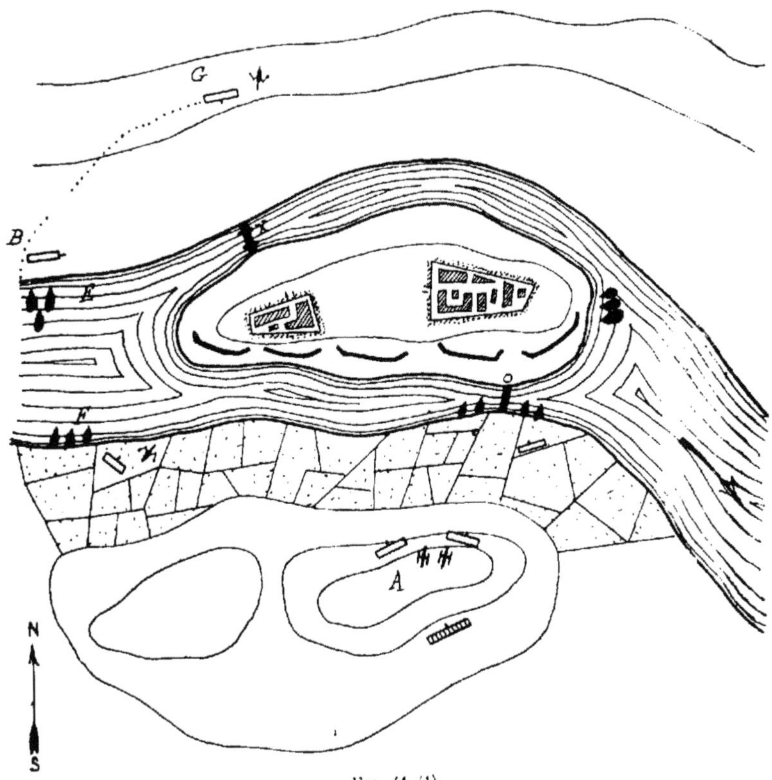

Fig. 41 (1).

Village (occupé par les pirates) situé sur îlot au milieu d'un cours d'eau qui a moins de 200 mètres de largeur.

(1) Îlot près de *Tieny-Dong*, aux environs de *Ngoc-Xa*, où le chef pirate *Bô-Giap* s'est fortifié et a résisté pendant trois jours à nos troupes avant de s'enfuir vers l'aval, en 1887.

L'attaque d'un village situé sur un îlot, tel qu'il est figuré dans le croquis n° 41, est parfois la plus périlleuse, non pas en raison des obstacles naturels que présente le terrain pour la marche, mais bien en raison de la confiance que les pirates ont dans la protection que leur donneraient ces obstacles. En effet, tant que des pertes sensibles n'auront pas abattu le moral des défenseurs, ceux-ci, se considérant bien à l'abri d'un corps à corps, conserveront leur sang-froid et, par conséquent, la justesse de leur tir même aux distances rapprochées. Si le chef de la colonne, par le tir précis de son artillerie et de son infanterie, inflige rapidement des pertes très sensibles aux irréguliers et menace leur retraite — qui ne peut s'effectuer que par un défilé, à l'aide de quelques frêles embarcations — le désespoir qu'une telle situation sans issue peut leur causer, leur donne alors un courage irréfléchi qui les pousse à se faire tuer sur place en combattant plutôt que de se rendre ou d'essayer de fuir. D'ailleurs, cette détermination héroïque leur est souvent aussi dictée par la croyance dans laquelle ils sont entretenus, que tomber vivants entre les mains de leurs ennemis, c'est se vouer aux mutilations et aux supplices les plus horribles et les plus raffinés. Ils sont, en effet, persuadés que leurs adversaires suivent, à cet égard, les mêmes pratiques qu'eux.

Comment attaquer le village dans ces conditions ?

Le convoi, son escorte et l'artillerie occuperont la hauteur. Des radeaux ou des paniers seront réunis à 1.000 mètres de la pointe ouest de l'îlot, pour transporter sur l'autre rive la moitié de la colonne et les mitrailleuses. Si le cours d'eau a une largeur inférieure à 100 mètres, on peut, sans danger, laisser avec l'artillerie le tiers seulement de la colonne.

En raison du courant, les paniers ou les radeaux débarqueront la troupe à 900 mètres au moins de l'îlot. De ce point, un groupe et une mitrailleuse seront envoyés pour barrer le pont X qui sert de ligne de retraite aux pirates. Ils s'en approcheront à moins de 200 mètres, se fortifieront à l'aide d'abatis de bambous ou d'arbres et emploieront tous les moyens à leur portée pour augmenter leur force de résistance.

Le reste de la troupe, ayant passé sur la rive gauche, devra entreprendre l'attaque de la pointe ouest de l'îlot. Pour cela, il se rapprochera à moins de 100 mètres, se retranchera près du bord du fleuve, amènera tous les paniers qui ont servi au passage le plus près du point où il est à l'abri et ouvrira sur les défenseurs de la pointe un feu par rafales violentes et intermittentes. Pour que les paniers ne soient pas troués par les balles des pirates pendant le trajet du point de débarquement au point le plus rapproché du groupe destiné à l'assaut, on les remplira d'eau et on les trainera au fil de l'eau à l'aide d'une longue corde ou de rotin. Tous ces paniers seront munis, sur chacun de leurs côtés extérieurs, de deux gros bambous fixés avec des cordes, pour les empêcher, au cas où ils seraient troués par quelques balles, de sombrer aussitôt.

Les groupes restés sur la rive droite, sauf ceux occupant la hauteur A, agiront de la même façon et, s'ils ne possèdent pas de paniers, ils construiront, à l'abri, plusieurs radeaux de bambous pouvant contenir dix hommes chacun — ce qui, en l'occurrence, vaudra mieux que les paniers — et les amèneront ensuite à moins de 100 mètres de la face sud ouest de l'îlot.

Enfin, une fraction, d'une vingtaine d'hommes au moins, se rapprochera du pont O soit pour concourir à l'attaque et être en mesure de profiter d'une occasion pour traverser ce pont, soit plutôt pour pouvoir, concurremment avec le groupe près du pont X sur l'autre rive, empêcher les pirates de se porter en force vers la pointe ouest de l'îlot. De plus, dans le cas où les pirates s'enfuiraient par l'aval du fleuve, à l'aide de paniers, cette section et les troupes qui sont sur la hauteur A s'efforceront de leur infliger les pertes les plus sensibles.

Lorsque toutes les fractions de la colonne auront rendu compte qu'elles ont exécuté tous ces préparatifs, toute la colonne devra, à un signal convenu, redoubler l'intensité du feu pendant un temps proportionné au nombre de munitions dont elle dispose. Ensuite, à un autre signal de clairon, dont l'indication aura dû être notifiée par écrit à tous les groupes et qui sera répété par tous les clairons, — à la sonnerie de la charge, par exemple, — tous les groupes et toutes les fractions de la colonne se porteront à l'assaut de l'objectif qui leur a été indiqué ou coopéreront par leur feu à la prise de ce point. Dans l'exemple que nous avons pris (fig. 11), les groupes E, F et G se porteront, coûte que coûte, en avant sans aucun retard ; les groupes E et F, en utilisant tous leurs moyens de transport, aborderont au sommet de la pointe ouest de l'îlot, et ceux de leurs hommes qui n'ont pu être embarqués couvriront de feux les défenseurs de cette pointe, dont ils s'approcheront le plus près possible. La mitrailleuse du groupe G tirera de sa place sur les abords du pont X ; ce groupe cherchera, sous la protection du tir de sa mitrailleuse, à traverser le pont et à aborder sur la rive de l'îlot.

L'artillerie et la mitrailleuse du groupe F couvriront la pointe ouest d'une grêle de projectiles, tant que cela ne deviendra pas dangereux pour les troupes d'assaut.

Dans ce dernier cas, elles dirigeront leur feu vers l'est de l'îlot, tout en tenant les défenseurs sous la menace de leur feu, partout où ils apparaîtront. Pendant ce temps, la fraction la plus rapprochée du pont O cherchera à le traverser, si cette opération lui paraît possible. Mais elle ne devra pas oublier, tout en coopérant énergiquement à l'attaque générale, que sa principale mission est de s'opposer à la fuite des pirates par l'aval.

Quelquefois, lors de grandes concentrations de bandes irrégulières, on se trouvera en présence d'un groupe de villages occupés et fortifiés et rendus inabordables par suite des inondations qu'aura provoquées la destruction des digues. L'enveloppement effectif de ces groupes de villages et de digues organisées défensivement est presque impossible sans de gros effectifs.

Il sera donc pratique, au lieu de se donner comme objectif l'enveloppement de toute la ligne, de concentrer la majeure partie des forces et des efforts de la colonne sur le village ou l'ouvrage le plus facile à cerner, en se contentant seulement de surveiller et d'inquiéter les autres parties de la ligne.

On pourra ainsi obtenir un succès partiel, mais réel, qui causera aux irréguliers de grosses pertes, tandis qu'en cherchant à bloquer toutes les forces ennemies, on les laissera très souvent s'échapper à travers les mailles d'un rideau de troupes trop faible pour les y retenir. Pareille mésaventure est arrivée plus d'une fois pendant les opérations militaires exécutées au Tonkin de 1885 à 1890.

En face d'une position organisée défensivement, telle que celle figurée par le croquis n° 42, si les effectifs de la colonne ne sont pas suffisants pour l'envelopper entièrement, en n'y laissant aucune fissure par laquelle les irréguliers pourraient s'échapper individuellement pendant la nuit, il nous paraît prudent de choisir, comme premier objectif à cerner et à conquérir, la hauteur B ainsi que le village D. Pour cela, il faut, d'abord, charger un groupe, appuyé par une mitrailleuse, de l'attaque de la face sud du village E et de la surveillance du défilé formé par les mares I et J. Pour remplir cette mission, la majeure partie de ce groupe s'installera vers F ; une de ses fractions barrera, par des ouvrages de fortification, le sentier G et surveillera la forêt K et la mare J.

Un deuxième groupe, également pourvu d'une mitrail-

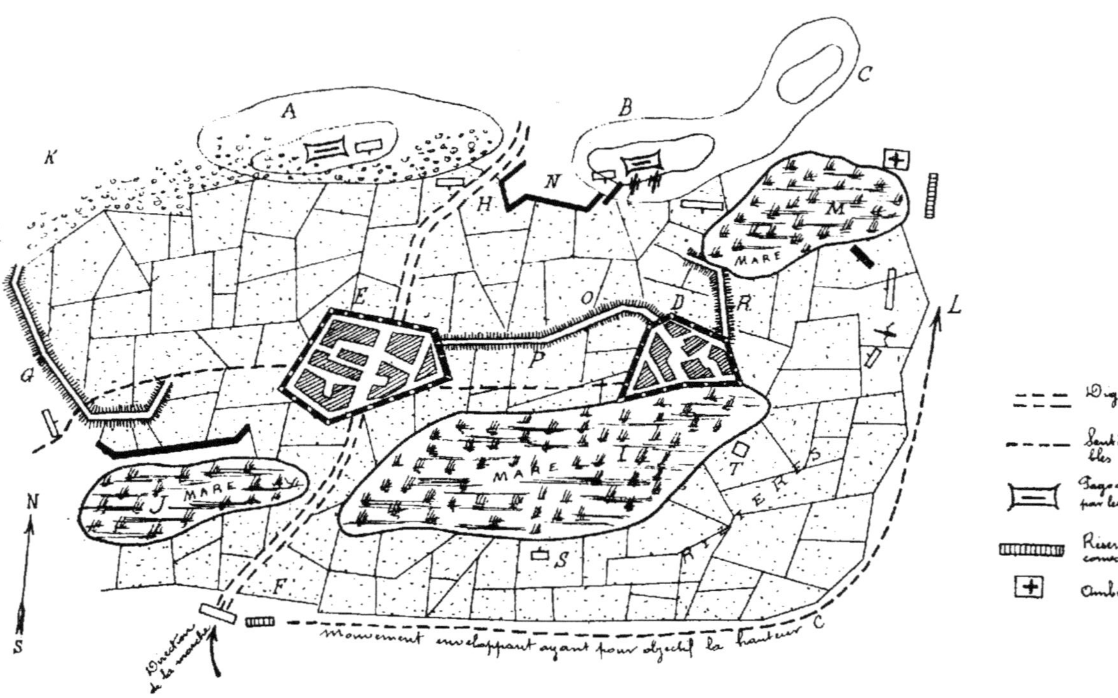

Fig. 42.

Groupes de villages organisés et reliés entre eux par des tranchées.

leuse, se portera en L ; il sera chargé de l'attaque et de la
surveillance de la face est du village D, des mares I et M,
ainsi que de la défense de la réserve du convoi et de l'ambulance. Bien qu'ils paraissent être exposés, ces groupes
ne risquent guère d'avoir à repousser des contre-attaques
vigoureuses, car les irréguliers ne font, le plus souvent,
que des simulacres. Quoi qu'il en soit, ils se fortifieront
par des tranchées et des abatis ou palissades en bambous.

Cela fait, le restant des forces de la colonne contournera
par l'est la ligne organisée et s'emparera d'abord de la
hauteur C, sur laquelle l'artillerie s'installera aussitôt pour
préparer, sans aucun retard, l'attaque de la hauteur B, qui
doit être enlevée à tout prix. Les hauteurs B et C, ainsi
conquises, serviront pour établir la base des opérations
ultérieures. Toute l'artillerie se portera en B pour coopérer à la prise de la hauteur A, du village D et des tranchées qui le flanquent à l'est. Si la hauteur A ne peut être
enlevée le même jour, un groupe de la colonne, profitant
de l'abri relatif offert par les bois, descendra jusqu'à la
lisière N et s'y fortifiera malgré les irréguliers occupant
la hauteur A et le village D. Pendant la première nuit du
blocus, ce groupe aura comme mission d'intercepter le
sentier allant du village E vers N et, surtout, de surveiller
les communications entre les villages D et E. A l'aube du
lendemain au plus tard, la hauteur A devra être enlevée
et, aussitôt après, l'artillerie et l'infanterie feront évacuer
la tranchée O, reliant les villages D et E, et surtout s'en
approcheront assez pour que les irréguliers ne puissent
pas utiliser le sentier P. Le village D étant ainsi isolé, au
point de vue tactique, le groupe chargé d'intercepter ses
communications avec E devra se fortifier de façon à pouvoir
parer à une attaque venant aussi bien de D que de E. Dans
ce but, il occupera par deux fractions la hauteur A et la
digue rompue menant au sentier H et s'approchera le plus
possible du saillant nord-ouest du village D, entre O et D.

Le groupe L fera tous ses efforts, le même jour, pour s'établir très près de la face est du village D, afin de préparer l'attaque générale qui aura définitivement lieu, par les tranchées R, sur le saillant nord-est du village D. Cette attaque sera menée par les forces disponibles de la colonne aidées par toute l'artillerie et par le groupe L, appuyé par sa mitrailleuse.

Pendant l'attaque concentrique et générale contre le village D, le groupe qui est en F et G attaquera le village E avec violence, pour empêcher les défenseurs des tranchées G et de ce village de se porter au secours du village D.

Il est probable que les irréguliers qui défendent le village E et les tranchées O et G réussiront à s'enfuir dans la direction de la forêt K et, en partie peut-être, par la mare I ; afin de leur interdire l'accès de cette dernière, les groupes L et F y placeront chacun un petit poste, sur le flanc sud, en S et F.

Si toutes ces dispositions réussissent, il faut se tenir comme satisfait, même si on n'aboutit à capturer ou à détruire qu'une partie des défenseurs du village D; car les irréguliers indo-chinois et chinois sont très habiles pour tromper la surveillance des troupes régulières et se faufiler à travers la moindre fissure que peut présenter le rideau des troupes chargées de les cerner.

En terminant l'exposé de ces règles relatives à l'attaque de villages et de digues dans les deltas, nous devons faire remarquer que, le plus souvent, toute attaque d'un village comprend, en même temps, celle d'une digue, route mandarine ou pont en bois occupés par une partie de la bande qui défend le village objet de l'attaque générale. Nous n'avons traité séparément le mode d'attaque de ces deux objectifs que pour mieux en faire saisir les caractéristiques. C'est d'ailleurs, en dernier ressort, le coup d'œil, le jugement et la persévérance du chef et une énergique et active collaboration du chef et de la troupe, qui décideront du succès final.

Les règles que nous venons d'exposer n'ont d'autre but que de mettre à la disposition du commandement des notions aptes à favoriser le succès. Le meilleur outil ne produit un chef-d'œuvre que s'il est entre les mains d'un ouvrier qui en connaît les propriétés et sait s'en servir à propos et d'une façon habile et rationnelle.

COMBAT DANS LES RÉGIONS BOISÉES ET MI-MONTAGNEUSES.

De toutes les opérations de guerre, celles qui s'effectuent au milieu des bois épais, n'ayant que des sentiers étroits et rares, sont les plus désolantes et les plus redoutables pour les troupes régulières.

Toutes les qualités militaires de celles-ci : discipline, manœuvre, tir à grandes distances, évolutions d'ensemble, en un mot, tout ce qui fait la supériorité des troupes régulières et leur permet d'affronter souvent un ennemi irrégulier d'une supériorité numérique écrasante, tout est neutralisé ou réduit à l'impuissance par la nature même des terrains dans lesquels se déroule l'action. Toutefois, ici encore, en faisant appel à la patience, à la persévérance, en ne craignant pas les fatigues, en utilisant les coupe-coupe et les outils de l'artillerie, en recourant aux quelques procédés que nous allons exposer, on peut souvent venir à bout de la résistance des irréguliers. Nous prendrons comme exemples quelques endroits-types que les pirates choisissent de préférence dans ces régions et qui sont indiqués par les croquis du chapitre IV.

Lorsque les pirates occupent des positions telles que celles indiquées par les figures 10 et 11, il suffit de placer à cheval sur le sentier suivi, et à 6 mètres environ en dehors de chacun des côtés, un groupe et une mitrail

leuse qui occuperont les pirates de front et protégeront
le convoi. Ce dernier, avec ses coolies, sera mis à l'abri
en dehors du sentier et assez en arrière du groupe chargé de l'attaque de front pour que les projectiles ennemis
destinés à ce groupe ne puissent l'atteindre.

Ensuite, suivant l'effectif disponible et la difficulté que
la nature des bois offrira pour y tracer une piste, toute
la colonne et toute l'artillerie se porteront vers les extrémités A et B de la position, faudrait-il même mettre plusieurs heures pour y parvenir, en se frayant une piste.
Une partie des coolies du convoi peut concourir au transport de l'artillerie et de la mitrailleuse.

D'ailleurs, il sera bien rare que, parvenu sur les flancs
ou les crêtes des hauteurs, on n'y trouve pas de forêt
facile à traverser ou des pistes de fauves ou de bûcheron,
les parcourant sur une grande longueur.

Si l'effectif de la colonne dépasse trois cents hommes
ou trois groupes et s'il est facile de pénétrer dans le fourré
à l'aide de quelque travail au coupe-coupe, il serait préférable de former trois détachements :

Un sur le sentier suivi : il sera chargé de l'attaque de
front et protégera également la ligne de retraite ainsi que
le convoi, aidé par une mitrailleuse et l'escorte seule.

Un deuxième groupe marchera vers l'extrémité est de la
position, pendant que le restant de la colonne, toute l'artillerie et une mitrailleuse se dirigeront vers l'extrémité A.
L'arrière garde rejoindra le groupe auquel elle appartient.

C'est, en somme, schématiquement, la conception du
commandant Berger, de l'infanterie de marine, pour l'enlèvement du col de Déo-Hat, situé à l'ouest et à deux jour-
nées de marche de Yeu-Lyong.

Pour l'attaque de la barricade figurée au croquis n° 13,
il suffit d'occuper les pirates de front en B, en y disposant
la moitié de la colonne et l'artillerie. L'autre moitié et les
mitrailleuses suivront la piste plus ou moins abrupte qui

existe généralement à mi-hauteur des flancs du ravin, se traçant, au besoin, une piste qui les mènera sur le mamelon A, à l'ouest et presque vers les derrières de la barricade. Le feu dirigé sur les flancs ou les derrières de la barricade doit être ouvert par les mitrailleuses et toute la troupe en même temps, car il est certain que le fait seul de l'occupation par une troupe de la hauteur A suffira, le plus souvent, pour décider les pirates à abandonner leur ouvrage et à prendre la fuite.

La troupe chargée de l'attaque de front réglera son feu et ses mouvements de façon à contribuer au succès des attaques de flanc, qui, presque toujours, doivent être décisives.

Bien entendu, le chef chargé de l'attaque de front doit être à même de se porter en avant pour maintenir autant que possible les irréguliers, dans le cas où ces derniers, ayant eu vent de mouvements tournants sur leurs flancs ou leur ligne de retraite, chercheraient à rompre le combat et à prendre la fuite.

Il est excessivement rare que les irréguliers, occupant une position qu'ils ont organisée en vue d'une attaque dans une direction déterminée, s'avisent de changer complètement de front pour parer à une attaque dirigée sur un de leurs flancs. Ils se contentent quelquefois de renforcer faiblement le flanc menacé, mais ils ne quittent jamais en masse leur position pour se porter contre un ennemi apparaissant dans une nouvelle direction ; ils agiront toujours ainsi si une fraction, même minime, commence le combat par une attaque dans la direction escomptée par eux, et continue son action jusqu'au moment où le mouvement tournant a produit son effet. Alors, s'ils abandonnent les tranchées défendues jusque-là, c'est toujours pour fuir.

Si l'avant-garde de la colonne signale l'occupation par les pirates de la position indiquée par le croquis n° 15, il suffit de déboîter du sentier, d'y arrêter le convoi et son escorte, d'occuper la hauteur A et de porter toutes les forces sur l'extrémité ouest de la position, dont on fait menacer les derrières par un groupe, pendant qu'un autre groupe ou simplement l'escorte du convoi et les mitrailleuses couvrent le front de la position d'une grêle de balles.

Les irréguliers ne choisissent, en général, une pareille position que pour tendre une embuscade et essayer de causer le plus possible de pertes à la colonne, ou à son convoi engagés sur la digue ruinée et submergée. Il est donc probable que, si leur embuscade est exécutée à temps, ils n'insisteront pas et prendront promptement la fuite.

Par contre, la position figurée par le croquis n° 14, étant très forte par elle même, est de celles que les irréguliers défendent avec acharnement. Pour engager le combat devant cette position sans avoir à éprouver des pertes trop élevées, il est tout d'abord indispensable que la colonne soit avertie de la présence des pirates avant d'être engagée jusqu'en B, car les feux des ouvrages D et E, qui battent efficacement tout le défilé jusqu'au pied de la hauteur A, feraient des ravages meurtriers dans la colonne, avant que les troupes puissent se garer ou se déployer pour entamer le combat.

D'autre part, si le commandant de la colonne est prévenu de la présence des ennemis sur ces croupes dénudées avant que le gros de l'avant garde ait dépassé les hauteurs boisées A et A', il fera immédiatement appuyer le groupe de l'avant-garde vers A', en mettant à sa disposition une des mitrailleuses, pour qu'elle attaque immédiatement l'ennemi sur son front D G. Le groupe venant aussitôt après l'avant garde, avec l'aide de l'autre mitrailleuse, prendra comme objectif le front C D. Ces deux groupes se déploieront sur les flancs des hauteurs boisées A et A', en s'éloignant chacun du sentier ou du ruisseau, d'une distance de 20 à 40 mètres.

Sous la protection de ces deux groupes, les autres groupes escaladeront la hauteur A en se frayant au besoin une piste avec le coupe-coupe. Toute l'artillerie sera placée en A, près d'un groupe qui prendra comme objectif la tranchée C et entamera aussitôt la lutte, pendant qu'un autre groupe exécutera un mouvement tournant pour se porter sur les derrières de la tranchée C.

Le convoi et son escorte se mettront à l'abri vers H.

Enfin, il nous reste à examiner la façon de procéder pour chasser les irréguliers postés en A B, ainsi que l'indique le croquis n° 12.

La position est excessivement forte, surtout lorsque la croupe C n'a pas une largeur supérieure à quelques mètres. Évidemment, une attaque sur un front de quatre à six hommes contre un front de plus de 100 mètres qui peut être occupé par plus de deux cents fusils, sera toujours très risquée et, le plus souvent, repoussée.

Il ne reste qu'à se résoudre à rechercher, en effectuant une marche qui prendra souvent plusieurs heures et exigera des efforts très pénibles, un ravin, une dépression ou la naissance d'un cours d'eau aux environs de D, et à s'efforcer de rejoindre, à travers les précipices et la brousse inextricable, le sentier F E qui est interdit à la colonne par l'occupation de la position A B.

Si cette opération est absolument impraticable, il est préférable, en désespoir de cause, d'attendre la nuit et de masser à moins de cent pas, un peu avant l'aube, un certain nombre d'hommes déterminés et volontaires, pris dans chaque unité et commandés par une partie de leurs officiers. Avant la tombée de la nuit, les officiers et même les hommes doivent venir, par petits groupes, examiner le terrain qui mène aux tranchées pirates.

Dès qu'il fera assez clair pour distinguer le terrain

à dix pas devant soi, les hommes s'élanceront en colonne absolument compacte, la baïonnette au canon et dans un silence absolu, droit sur le retranchement qui se trouvera devant eux, au-dessus de F, et chercheront à s'en emparer à tout prix, sans tirer un coup de fusil, quelle que soit l'intensité du feu ennemi.

Comme il est à prévoir que, devant les tranchées, il y aura des abatis et peut-être une palissade, officiers et hommes de la colonne seront tous armés de coupe-coupe bien aiguisés.

A cinquante pas en arrière de la colonne d'assaut, un groupe entier se tiendra prêt à la suivre, dès que les pirates auront concentré plus ou moins leur feu sur elle. Il se précipitera ensuite vers le sentier pour chercher un pli de terrain qui lui permette, s'il y a lieu, d'esquisser un mouvement sur les derrières de l'extrémité est de la position. L'artillerie sera conduite, à tout prix, vers G, pour canonner à outrance, pendant l'assaut, la hauteur A, et rendre ainsi indécis le tir d'une partie au moins de la ligne de feu ennemie. Les mitrailleuses, du point C, agiront de même et dans le même but, sur le front des tranchées situées entre les hauteurs A et B. Le convoi et son escorte se mettront à l'abri du feu.

Toute la colonne se tiendra prête à se porter vers les hauteur A B avant de continuer son chemin par le sentier F E.

Il est probable que, si ces prescriptions données à la colonne d'assaut sont absolument observées, les pirates, après quelques décharges de leurs armes, prendront la fuite pour éviter le corps à corps, se contentant d'avoir mis hors de combat quelques soldats de la colonne d'assaut. Ces pertes sont inévitables, puisque — ainsi que nous l'avons exposé — les pirates auront, sans aucun doute, un grand nombre de leurs armes dirigées en permanence sur l'étroite crête que la colonne d'assaut devra nécessaire-

ment parcourir. Aussi, estimons-nous préférable la solution qui consiste à atteindre, au prix de quelques efforts,
le sentier F par E, par exemple. Ce résultat obtenu, rien
n'empêche ensuite de prendre du temps, d'examiner le terrain et d'entreprendre une attaque de flanc de la position. Mais il est aussi plus probable qu'à ce moment
l'ennemi, voyant sa situation compromise, se retirera rapidement sans attendre une attaque venant d'une direction
autre que celle qu'il avait prévue.

COMBAT DANS LES RÉGIONS MONTAGNEUSES DÉNUDÉES
OU POURVUES DE FOURRÉS PRATICABLES.

Toutes les règles exposées précédemment pour les deltas et les régions mi-montagneuses sont applicables aux
régions montagneuses.

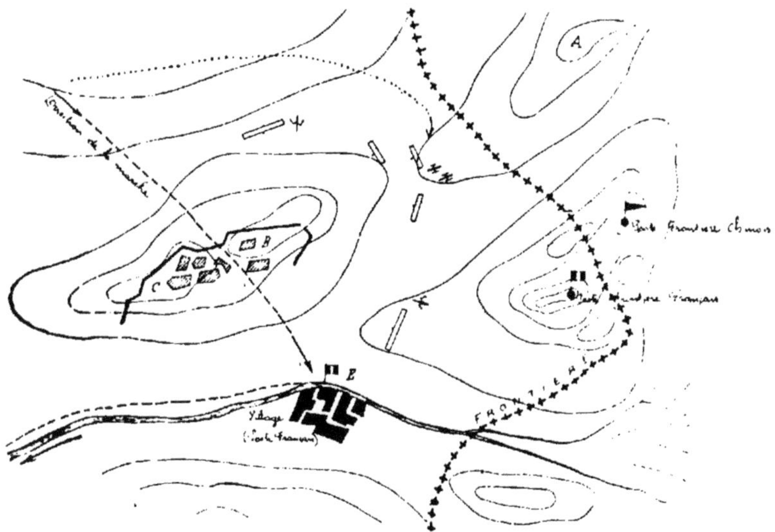

Fig. 43.

Position dominant au loin tout le terrain environnant et occupée par des
pirates.

Toutefois, dans la guerre de montagne, surtout en face des irréguliers, il ne faut pas perdre de vue que la seule occupation d'une hauteur dominante, par une mitrailleuse et une simple section d'infanterie tirant à moins de 700 mètres, peut décider les pirates à abandonner toutes leurs positions et, dans tous les cas, contribuer puissamment au succès de l'attaque. Il ne faut, donc, jamais négliger de

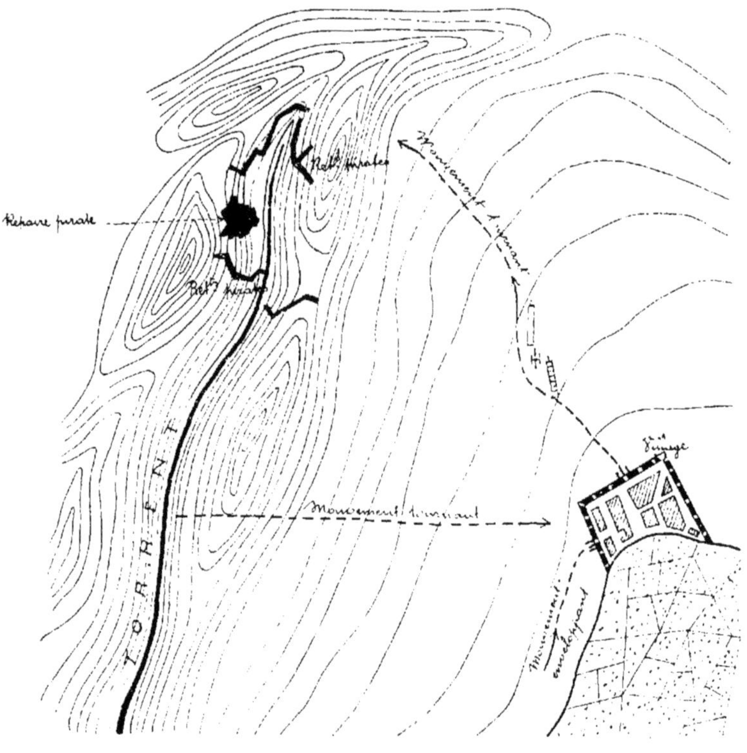

Fig. 44.

Position occupée par des pirates à la naissance et au milieu d'un défilé aux flancs presque inaccessibles.

faire occuper, si faiblement que ce soit et même au prix des plus grands efforts, toute hauteur, dent ou piton ayant des vues sur une partie quelconque de la position défendue par les pirates. Une mitrailleuse, accompagnée d'une fraction d'infanterie, en position sur une telle éminence sera, le plus souvent, une garantie du succès.

D'autre part, si les pirates occupent une position qui domine, dans un rayon de plus de 1.000 mètres, tout le terrain environnant, et si l'on est peu renseigné sur leur force et leur effectif, la solution doit être cherchée dans un mouvement tournant ou enveloppant d'une très grande envergure, qui mènera toute la colonne vers la position, par un de ses côtés les plus accessibles et paraissant être la ligne de retraite des pirates, en cas d'échec.

Si, par contre, l'ennemi occupe la naissance d'un défilé aux flancs abrupts très profonds et presque inaccessibles, il serait préférable d'entreprendre une marche longue et même pénible pour passer dans une autre vallée où se trouverait un autre défilé plus accessible à l'infanterie et donnant accès à l'un des flancs de la position. Il faut, dans tous les cas, s'abstenir de tenter une attaque de front qui pourrait occasionner de grandes pertes.

CHAPITRE VIII.

Marches et attaques de nuit; surprises et embuscades.

Les irréguliers de l'Indo-Chine et de la Chine affection
nent tout particulièrement les marches et les attaques de
nuit. Il faut, par conséquent, que la troupe s'exerce et
s'habitue aux opérations de nuit pour être à même, non
seulement de parer ces attaques, mais encore de les exécuter elle-même, afin de conserver, de nuit comme de jour,
l'initiative de l'offensive et des mouvements.

Les marches de nuit des irréguliers se font, le plus souvent, à la lumière des torches et sans grand mystère, lorsqu'ils se proposent d'attaquer un poste ou une troupe qu'ils
considèrent comme incapable de faire autre chose que de
recevoir leur attaque. Mais, lorsqu'ils ont en vue la surprise d'un convoi ou d'une troupe, les irréguliers sont
d'une habileté parfaite pour dissimuler leur marche et
cacher leur présence jusqu'au moment propice pour leur
attaque. Mais, comme ils répugnent à en venir au corps à
corps, leur action, fort heureusement, dans la majorité des
cas, se réduit à une tiraillerie exécutée à des distances plus
ou moins meurtrières.

Les marches de nuit sont de deux sortes :

D'abord, les marches que l'on exécute la nuit pour éviter la chaleur du jour ; celles qu'on entreprend pour pouvoir faire une étape plus longue avec moins de fatigue ;
celles exécutées hors des vues des irréguliers pour accourir au secours d'un poste ou d'une troupe assiégés par eux.

Ensuite, les marches de nuit entreprises à proximité d'un ennemi qu'on veut atteindre ou attaquer à l'improviste, en s'accordant ainsi le bénéfice moral de la surprise.

Dans le premier cas, ces marches se font, comme celles des irréguliers, à la lueur de torches de bambous et en observant, dans une certaine mesure, les prescriptions de police qui sont édictées par les règlements militaires. En outre, pour éviter que des fractions ne s'égarent au milieu de la nuit, il est recommandé de charger spécialement un gradé et quelques hommes, armés de coupe-coupe et placés à l'avant garde, d'obstruer, tout le long du sentier que doit suivre la colonne, toutes les bifurcations aboutissant sur ce sentier ; quelques grosses branches ou quelques gros bambous suffiront. S'il y a des lianes dans les bois, on barre la bifurcation à l'aide de deux lianes, prises de chaque côté du sentier et liées ensemble. Ce moyen de jalonner le chemin que doit suivre la colonne peut d'ailleurs être employé pendant les marches de jour.

Il reste entendu que le convoi devra serrer sur le gros de la colonne, qui n'aura comme avant garde, à cent pas environ en avant d'elle, qu'une section précédée, à cinquante pas, par quelques éclaireurs.

L'exécution et la conduite des marches de nuit à proximité de l'ennemi ou dans un but de surprise sont bien plus délicates. Dans ce cas, la première condition pour la réussite est de sortir du poste ou du village dans lequel la troupe est stationnée, sans que les habitants et même les soldats ne devant pas prendre part à la marche en soient prévenus.

Qu'on nous permette de donner, sur ce sujet, un exemple personnel.

Devant exécuter une marche de nuit pour surprendre un repaire de pirates situé à 20 kilomètres environ du poste de Nga-Tap, voici comment nous avons opéré :

Pendant plusieurs jours de suite, il fut prescrit aux légionnaires et aux tirailleurs composant la garnison du poste de tenir prêts deux jours de vivres et leur équipement en vue d'un départ fixé au lendemain vers 3 heures du matin. Le troisième jour, l'ordre fut donné de verser les vivres, comme si l'opération projetée avait été abandonnée, puis, pendant la nuit, un sous-officier européen réveilla, homme par homme, dix huit légionnaires, leur distribua une ration de tafia et leur donna l'ordre de s'équiper, de sortir du poste sans parler à personne et de suivre simplement le sergent. Le lieutenant Ehrer, de la légion, prévenu que tout était prêt, rejoignit le détachement, qui surprit le repaire vers 4 heures du matin, après une marche de cinq heures. Ce petit détachement infligea quelques pertes aux pirates, leur enleva une dizaine d'armes à tir rapide et tous leurs approvisionnements.

Les tirailleurs du poste et leurs gradés européens eux-mêmes n'apprirent le départ de leurs camarades qu'au moment de l'appel du matin.

Si les tirailleurs avaient été prévenus de cette opération de nuit, tout le poste, tout le village en auraient été bien vite informés par les femmes des tirailleurs. Il en eût été d'ailleurs de même pour les Européens qui cohabitaient avec des femmes indigènes. Etant donné que, pour une opération importante, on ne peut se priver du précieux concours des tirailleurs, ni défendre d'une façon efficace aux Européens d'avoir des relations avec les femmes indigènes, il ne reste que la solution suivante :

Lorsqu'on peut être appelé à marcher pour une opération de nuit, il faut avoir, en tout temps, deux ou trois jours de vivres, non seulement lotis par homme, mais encore distribués en tout temps à chaque soldat, y compris les tirailleurs indigènes, et gardés par eux au-dessus de leur paquetage. De plus, si possible, quelques jours avant la date fixée pour l'opération projetée, il faut répandre des bruits mensongers, tels que l'évacuation totale du poste, la relève des troupes ou de leur chef, ou enfin tout autre événement qui donne l'impression que la troupe est dans l'impossibilité d'entreprendre une opération quelconque.

Le commandant du poste, lui même, doit s'abstenir de préparer, avant de se coucher, son équipement ou de changer quoi que ce soit à ses habitudes.

S'il a auprès de lui une femme indigène, il doit s'abstenir de la faire coucher dans sa chambre, en simulant une indisposition ou une maladie ; il serait même désirable que, sous ce rapport, il induise tous les Européens du poste en erreur, en se faisant préparer des bains chauds ou des médicaments. Enfin, au moment du départ, il donnera au chef du poste de police l'ordre formel de ne rien dire avant le réveil du matin aux gradés ni aux soldats qui y restent.

Pour obtenir cette discrétion indispensable, le commandant du poste fera, tous les mois, quelques fausses sorties et, s'il y a lieu, punira avec la dernière rigueur toute indiscrétion de la part des hommes de service qui auraient pu signaler la sortie du détachement.

Il serait également désirable qu'il fît exécuter une piste qui, partant du poste, contournerait le village pour aboutir sur les sentiers menant dans les environs. Cette précaution évitera le danger que présentent les aboiements des chiens du village, qui peuvent trahir la marche du détachement.

Un gros détachement, ayant un important convoi, ne peut guère partir instantanément et sans produire une certaine rumeur. Il serait bon alors, pour garder, jusqu'au dernier moment, le secret sur sa destination, de le faire sortir du poste, dès la veille, vers 4 heures du soir, et de le faire bivouaquer à proximité dans une direction absolument opposée à celle qu'on doit prendre. Le lendemain matin, à l'heure fixée pour le départ, le détachement partira de ce bivouac pour s'engager sur un sentier se raccordant à celui qui doit le mener à destination.

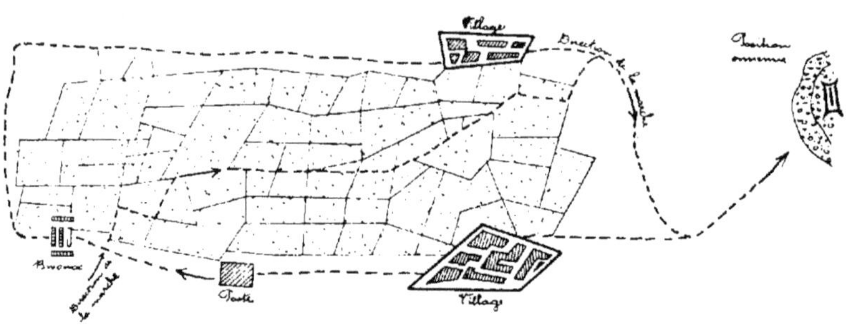

Fig. 45.

La longueur du trajet à faire et les fatigues supportées par la troupe seront évidemment, de ce fait, augmentées ; mais, par contre, le secret de la marche sera toujours assuré. Or, la troupe ne se plaint que des fatigues inutiles ; elle les supporte, au contraire, allégrement, si elle se rend compte que le succès était à ce prix.

Pendant le bivouac, il est indispensable de s'assurer qu'aucun indigène étranger à la colonne, qu'aucun curieux même ne vient observer la troupe : autour du bivouac, le vide sera absolu. Il sera expressément défendu, aussi bien aux officiers qu'à la troupe, de s'éloigner à plus de cinquante pas. Comme on doit partir de grand matin, le repas du soir sera pris par tout le monde, y compris les gradés et la troupe, à 6 heures du soir : ordre sera donné de se coucher aussitôt après et de garder le silence. Tous les bagages seront prêts à être chargés ; les hommes ne conserveront, pour dormir, que leur couvre-pieds. Le café et la ration d'eau-de-vie du matin seront tenus prêts à être distribués au moment du départ ; le café ne sera pas réchauffé. Il serait bon de pouvoir donner aux hommes, dès la veille, une ration de viande froide ou des sardines qui seront consommées au lever du jour.

Pendant la marche de nuit, il sera défendu de fumer et de causer ; tous les éléments de la colonne marcheront serrés et sans aucun intervalle. L'allure de la marche sera lente ; les gradés auront soin, dans les cas où leur fraction serait obligée de s'arrêter pour une raison quelconque, de se tenir constamment en communication avec la fraction précédente, de façon à pouvoir la rejoindre le plus tôt possible et ne pas en perdre le contact.

Toute lumière devra être proscrite d'une façon absolue. Pour éviter le choc des objets en métal, les quarts seront placés dans la musette, les fourreaux de baïonnette seront enveloppés dans une pièce de drap, ou mieux, passés dans le ceinturon comme le seraient des poignards ; les courroies des petits bidons seront passées sous le ceinturon ; le campement, s'il y a lieu, arrimé de façon à ne pas choquer les fusils, la baïonnette ou le bidon.

Comme avant-garde, la colonne aura simplement, à soixante pas environ, une pointe de trois hommes et d'un gradé, marchant à cinq pas d'intervalle ou de distance les uns des autres et communiquant avec la tête de la colonne par quatre hommes espacés de dix pas environ. L'arrière-garde aura la même formation.

Les hommes composant l'avant-garde et l'arrière garde fouilleront effectivement le terrain à droite et à gauche du sentier, en poussant même des pointes de quelques dizaines de pas si le fourré est tant soit peu praticable ou percé d'une piste de fauve. En opérant ainsi, une embuscade ennemie qui s'y serait cachée, se voyant démasquée, sera obligée de fuir ou de faire feu. Dans les deux cas, une surprise meurtrière aura été évitée.

Mais, le but de ces marches étant, le plus souvent, la surprise d'un bivouac, d'un repaire ou d'un village occupé par une bande irrégulière, il sera très rare que la troupe soit surprise à son tour, si elle a eu soin de conserver le secret sur le but de sa marche. Il est en outre prudent de posséder deux guides sûrs et un groupe d'indigènes auxiliaires armés, appartenant à la région parcourue, dont une partie précédera de plus de vingt pas les éclaireurs de pointe et l'autre cheminera de concert avec ces derniers. Avant la marche, les guides seront interrogés séparément et contradictoirement ; ils devront décrire dans tous leurs détails le sentier conduisant à l'objectif de la marche et, s'il y a lieu, les abords du repaire ou du village à surprendre.

Tout ce qui a une importance au point de vue militaire sera signalé à l'attention des guides, qui devront pouvoir répondre en décrivant ou en s'expliquant minutieusement. Il est surtout très important de savoir si le repaire est entouré ou non d'une ou plusieurs palissades : si ses portes sont solides et armées de chevaux de frise : si les abords de la palissade sont défendus par des abatis et des piquets, et à quelle distance de la palissade ils commencent ; s'ils sont, ou non, précédés d'avertisseurs, comme ceux que nous avons décrits au chapitre IV, dans le paragraphe traitant de la sûreté en marche dans les régions boisées.

Dans tous les cas, il sera formellement prescrit aux guides de prévenir le chef de la colonne lorsqu'on sera à près de 3 kilomètres ou au moins à une demi-heure de marche du repaire ou du village des pirates. À cette distance, en effet, les irréguliers installent, presque toujours, un ou plusieurs veilleurs qui s'abritent généralement au pied des gros arbres bordant le sentier ; très souvent même, par les nuits fraîches, ces veilleurs allument un léger feu. L'enlèvement ou la mort de ces veilleurs, avant qu'ils puissent annoncer l'arrivée de la colonne, serait un événement très heureux ; malheureusement on ne peut guère y réussir, car ils remplissent toujours leur rôle d'une façon parfaite et avec une vigilance que pourraient leur envier les troupes régulières. Pour réussir à les surprendre, il faut faire précéder les éclaireurs de la pointe par quelques femmes mêlées à des tirailleurs braves et sûrs, portant des costumes indigènes. Les veilleurs, prenant ce groupe pour des ravitailleurs, se laisseront peut-être approcher. On réussira quelquefois, à condition que les femmes ou tirailleurs soient au courant des coutumes de la bande, afin de pouvoir donner le change au veilleur et de s'approcher assez près de lui pour le faire disparaître sans bruit.

Il n'est pas rare, en marchant vers le repaire, de croiser des convois de riz ou de vivres venant ou allant vers les irréguliers et portés en général par des femmes.

Si la rencontre a lieu loin du repaire, il suffit de prescrire à ces convois de s'éloigner rapidement dans le sens opposé à la direction de la marche du détachement ; l'exécution de cette prescription sera assurée par deux indigènes armés qui menaceront de mort tout porteur du convoi qui ne s'y conformerait pas. Si la rencontre a lieu à proximité du repaire, les porteurs seront mis en demeure de poser à terre toutes les charges et de s'éloigner de la direction du repaire, sous menace de mort. Ils seront surveillés, à cet effet, par deux indigènes armés. Toutefois ils seront prévenus qu'ils sont libres de venir rechercher leurs charges dès qu'il fera jour. Le détachement, aussitôt après cette rencontre, accélérera sa marche le plus possible.

Tous les convois dont nous venons de parler ne portent, la plupart du temps, que le tribut ou l'impôt imposé par les irréguliers au village qu'ils occupent ou à ceux voisins de leur repaire. Très souvent, les bandes pirates en tiennent une comptabilité sur des registres spéciaux.

Ces dangers écartés, il reste encore les avertisseurs automatiques (deux ou trois en général) dont l'un est placé quelquefois à 100 ou 200 mètres du repaire, près

d'un petit poste de veilleurs et les autres à quelques dizaines de mètres du repaire lui même, qui est ainsi directement prévenu de l'approche de la colonne.

En outre, le sentier est parsemé de petits piquets en
bambous pointus et durcis au feu. Tout près du repaire,
de gros piquets en bambous, longs de plus de 30 centimètres et entremêlés d'autres plus petits, défendent l'accès de
l'enceinte formée d'une palissade, également en bambous,
qu'il est plus expéditif de faire escalader par quelques hommes hardis que de faire abattre à coups de coupe-coupe.
Généralement, les irréguliers, démoralisés par la surprise
et ce réveil sous la menace des coups de feu, prennent la
fuite vers les bois environnants, par des issues dissimulées
qu'ils ont toujours soin de se ménager.

Dans ces surprises, le feu ne sera ouvert que sur l'ordre
d'un officier ; les hommes agiront toujours par fractions
constituées, suivant des ordres qui devront être donnés
minutieusement lorsque la troupe sera encore à plus de
deux heures de marche de l'objectif à atteindre.

Très fréquemment, lorsque la troupe approche du repaire, les guides sont saisis d'une folle terreur, en se re-
mémorant les supplices que les pirates infligent à ceux
qui les trahissent ; ils refusent, alors, de continuer à guider la troupe, prétextant ne plus connaître le chemin au
delà, ou encore, ils engagent la colonne sur un sentier
divergent, qui l'éloigne complètement de la direction du
repaire.

Dans le premier cas, il faut faire immédiatement ficeler
le guide, puis le confier à deux soldats sûrs qui, sans le
maltraiter, le tiendront au moyen d'une corde qui sera
enroulée autour de son cou. Il faut ensuite le raisonner
et lui permettre protection contre la vengeance des pirates;
s'il persiste à déclarer qu'il ne connaît plus le chemin
qu'il avait affirmé connaître parfaitement avant le départ
de la colonne, on n'hésitera pas à lui faire appliquer quel-

ques coups de rotin, quelque barbare que puisse paraître
le procédé.

Sept fois sur dix, après toutes sortes de réticences, le
guide déclarera se souvenir du chemin ; mais son attitude
lui permettra, si par hasard il tombait entre les mains
des pirates, d'alléguer pour sa défense les violences dont
il a été l'objet et de se justifier, avec quelque apparence
de raison, de les avoir trahis. Les hésitations le repren
dront à plusieurs reprises ; mais, presque toujours, quelques coups de rotin en auront raison, à moins que la
bande recherchée soit très forte ou ait précédemment rem
porté quelque succès contre les troupes régulières ; dans
ce cas, lorsque la colonne sera à proximité du repaire,
presque tous les guides refuseront leurs services, malgré
les menaces et les coups.

C'est surtout en prévision de cette éventualité que le chef
d'une colonne n'hésitera pas, avant de se mettre en marche,
à faire décrire par les guides le chemin qui mène au re
paire, et il consignera, sur un croquis fait d'après ces ren
seignements, tous les points topographiques et toutes les
constructions qui lui seront signalés et qui pourront être
utiles, à la rigueur, pour continuer le chemin sans le
secours des guides. En outre, pour rendre toute erreur
impossible, il fera préciser, par les agents de renseigne
ments ou les guides, le temps approximatif que met un
piéton ou un porteur pour aller d'un de ces points à un
autre. Cette description du chemin à suivre doit être par
ticulièrement minutieuse pour la partie qui se trouve à
moins d'une heure de marche du point où les pirates sont
signalés ; elle servira, surtout, pour confondre le guide
qui l'a donnée, lorsque, par erreur, par peur ou par trahi
son, il voudra faire suivre un sentier éloignant la colonne
du repaire.

Il est arrivé aussi, assez fréquemment, que le guide se
déclare incapable de conduire plus loin la colonne lorsque

celle-ci n'est plus qu'à quelque 100 mètres de son objectif ; il craint d'être victime des coups qui vont être échangés avec la bande. Il sera facile de s'en assurer — avant d'employer les moyens que nous avons indiqués — en faisant parcourir, sur une distance de plus de 100 mètres, tous les embranchements de sentiers qui s'ouvrent devant la colonne ; on peut aussi, si c'est possible, faire monter sur un arbre un homme intelligent et expérimenté (européen ou indigène) qui explorera l'horizon pour découvrir s'il n'existe pas de trace d'une habitation quelconque ou d'arbres tels que les aréguiers, cocotiers, goyaviers, bananiers, etc., qui, d'ordinaire, indiquent un emplacement de village existant ou ayant existé.

Pour s'assurer la fidélité du guide, il faut enfin lui promettre un tant pour cent sur les prises qui seront faites, lui donner une somme d'argent et lui en faire espérer une plus importante si, par son fait, l'opération réussit. S'il est père de famille, sa femme et ses enfants seront retenus au poste, pendant la durée de l'opération, comme otages et gages de sa fidélité.

Lorsqu'on veut avoir des renseignements détaillés sur l'existence et la répartition des bandes irrégulières, sans faire appel aux émissaires professionnels et officiels, on peut se renseigner, à prix d'argent, auprès des colporteurs, des enfants et des femmes. Ces dernières, lorsqu'on réussit à gagner leur confiance et à s'assurer leur fidélité, sont précieuses comme agents de renseignements. Il suffit, pour cela, après avoir exercé discrètement son choix, de procurer à celle que l'on a choisie un stock des marchandises vendues habituellement dans la région, et de l'envoyer ensuite, sur les divers marchés, vendre ces marchandises et recueillir, auprès des habitants, tous les renseignements possibles sur les bandes des irréguliers. Suivant la quantité et la qualité des renseignements rapportés, on lui laissera tout ou partie des profits qu'elle a réalisés par la vente du stock qui lui a été confié. Il faut être très généreux envers elle, car sa mission est pénible et très périlleuse.

Nous avons dit que, dans leurs attaques contre les postes occupés par la troupe, les irréguliers se contentent de tirailler à distance contre une ou plusieurs des faces. Ces tirailleries ont surtout pour but d'occuper la troupe et de la fixer derrière ses tranchées, pendant qu'une partie de la bande, pénétrant dans les villages avoisinant le poste, terrorise les habitants et pille tout ce qui est à sa convenance.

Il faut donc, si l'effectif le permet, employer une partie du poste pour occuper, à son tour, l'attention de la bande et la persuader que sa ruse réussit pendant que la majeure partie de la troupe, sortant silencieusement du poste, marchera droit vers le point d'où le chef des irréguliers transmet ses ordres à la bande à l'aide de sa trompe ; les sons de celle-ci serviront à guider la troupe, en général vers le centre de la ligne pirate qui sera, si possible, abordée à la baïonnette ou attaquée par un feu violent à bout portant.

D'autres fois, si, au moment de sortir du poste, la garnison entend des clameurs et des cris s'élever d'un des villages environnants, elle ne doit pas hésiter à courir vers ce village, certaine que la partie de la bande la plus nuisible et la plus cruelle — celle chargée du pillage — s'y livre à tous les excès.

Lorsqu'un poste est construit au bord d'un cours d'eau large de plus de 100 mètres, les bandes viennent souvent, par bravade ou par vengeance, brûler et piller les villages situés en face du poste et sur la rive opposée. En prévision de ces attaques, le poste doit posséder un ou deux sampans ou bien six paniers accouplés, capables de faire passer sur l'autre rive, et en amont des villages attaqués, une trentaine de tirailleurs ou d'Européens. Ceux-ci, appuyés au fleuve et protégés, au besoin, par le tir du poste, pourront accourir à la première alerte au secours des villages attaqués ou, tout au moins, essayer de les venger en infligeant quelques pertes à leurs agresseurs.

Dans tous les cas, on peut être certain qu'en agissant ainsi, on arriverait très rapidement à faire renoncer les irréguliers à ces attaques, qui leur font courir des risques sérieux ; ils éviteront, tout au moins, de tenter ces opérations dans le rayon d'action du poste.

Un poste qui se désintéresse de la défense des villages voisins verra très rapidement ces derniers se dépeupler et ne pourra plus obtenir d'eux ni guides sûrs, ni renseignements exacts. Il se trouvera, pour ainsi dire, isolé, et ne pourra plus rien obtenir du village sans employer la violence. Pendant ce temps, les irréguliers y trouveront, en tout temps, le couvert et le gîte et tous les renseignements désirables sur les projets ou les agissements de la troupe qui occupe le poste.

ATTAQUE DES VILLAGES OCCUPÉS ET FORTIFIÉS PAR DES IRRÉGULIERS.

Pour attaquer des bandes irrégulières occupant des villages fortifiés, il faut, autant que possible, suivre un sentier reliant entre eux plusieurs villages (fig. 46). Arrivé à une bifurcation distante de deux à quatre heures de marche du village que l'on veut attaquer, on fera bivouaquer la troupe en deçà de la bifurcation; on placera vers l'embranchement un poste qui fournira des sentinelles sur le sentier menant au village B. Les pirates seront ainsi laissés dans l'incertitude des intentions de la colonne. Suivant la distance qui reste à parcourir entre le bivouac et le village A, le détachement se mettra en marche à l'heure voulue pour pouvoir atteindre A une heure environ avant les premières clartés de l'aube. Dès son arrivée à 200 mètres environ de la première enceinte, le détachement sera scindé en plusieurs groupes suivant la situation et les renseignements obtenus, de manière à interdire aux irréguliers toute fuite.

Cela fait, on procédera à l'attaque du village en resserrant d'abord jusqu'à 200 mètres environ l'espace existant entre les divers groupes, tout en avançant, malgré le feu

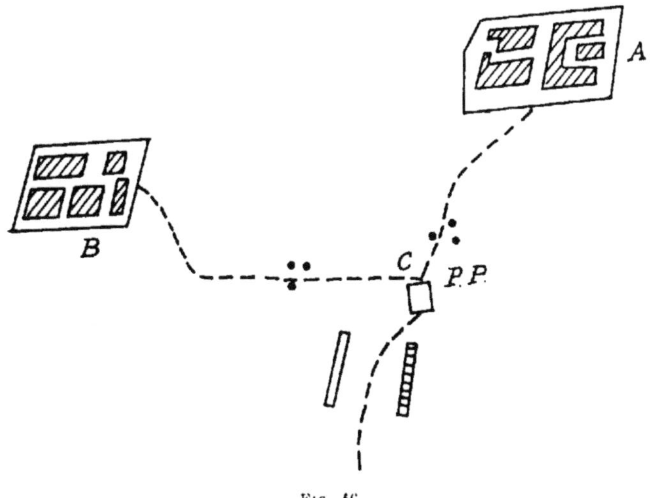

Fig. 46.

des irréguliers, jusqu'à près de 100 mètres de l'enceinte du village. Ce résultat atteint, les divers groupes se retrancheront en utilisant les digues et les rizières et en couvrant leur front, s'il y a lieu, par des abatis de bambous. En présence des progrès faits par l'attaque, les irréguliers, redoutant de se laisser enfermer dans un cercle de feu sans issue, profitent ordinairement de la nuit pour abandonner leur village, quelle que soit sa capacité de résistance. Le commandant du détachement, suivant qu'il désire détruire la bande qui y est enfermée, ou qu'il considère la prise du village abandonné par les pirates comme une satisfaction suffisante, doit, soit continuer la surveillance, resserrer les intervalles entre les groupes et se rapprocher du village, soit se contenter de maintenir sa position, en se tenant prêt à profiter de toute occasion pour faire subir aux irréguliers de nouvelles pertes pendant leur fuite. Dans ce dernier cas, il suffit seulement de redoubler de vigilance pendant la nuit et de placer quelques embuscades à 800 mètres environ sur les lignes de retraite que les irréguliers auront intérêt à prendre.

Mais, dans le premier cas, la surveillance la plus stricte ne suffira pas pour empêcher la fuite des irréguliers qui

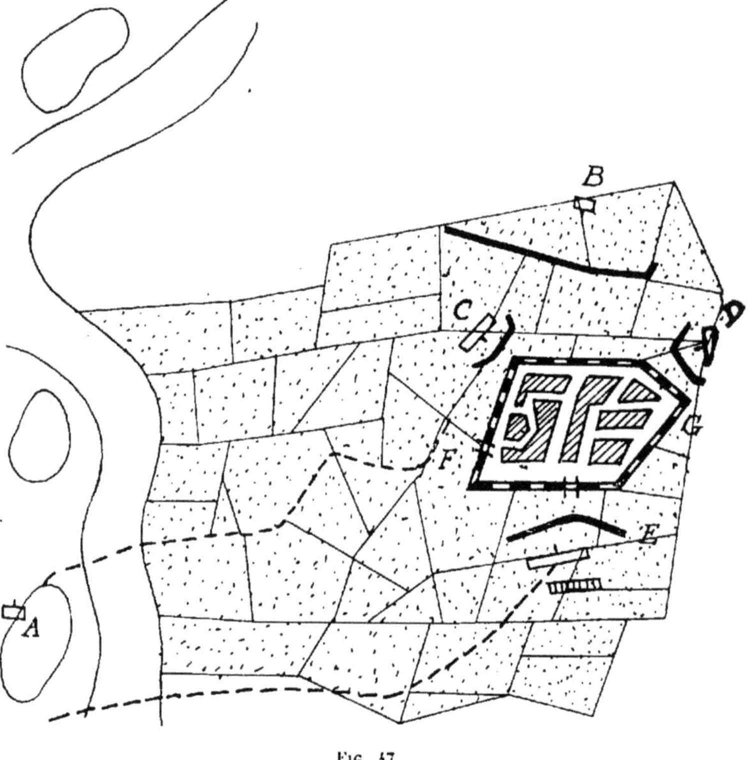

FIG. 47.

traversent individuellement les cordons de sentinelles avec une habileté consommée. Il faut donc, lorsqu'on sera décidé a détruire, coûte que coûte, la bande des irréguliers, compter sur les obstacles matériels. Ainsi, en prenant le croquis n° 47 comme exemple, il faudra, outre les précautions déjà indiquées, ajouter d'abord de petits groupes intermédiaires en F, G, H, entre les groupes C, D et E ; ensuite garnir, à tout prix, les intervalles entre tous les groupes, par des abatis de bambous d'une profondeur d'au moins 20 mètres et, si possible, par des piquets pointus de toutes tailles, protégés par des palissades en bambous. Le cordon des sentinelles, appuyé sur des petits postes, sera aussi complet que possible ; les digues séparant les rizières seront rompues, afin que les irréguliers soient dans l'obligation de se mettre à l'eau et de trahir leur présence par le bruit.

La prise d'un village complètement cerné sera certainement coûteuse : il faut s'y attendre, puisque les défenseurs, craignant de subir les cruels supplices qu'ils infligent eux-mêmes à leurs ennemis, ne demandent pas quartier et préfèrent mourir en combattant. Aussi rien ne sera négligé pour l'enlèvement rapide de l'enceinte. L'artillerie et les mitrailleuses se rapprocheront à distance de mitraille. Les têtes de colonne seront pourvues de fascines et surtout de grenades à main — ou, tout au moins, de cartouches de mélinite préparées pour être utilisées comme grenades — qui seront lancées contre les irréguliers s'obstinant à rester dans leurs tranchées.

Si on peut se procurer des guides fidèles et des renseignements détaillés sur la force, la composition, le chef de la bande et la configuration du village occupé, le moyen le plus expéditif, mais aussi le moins sûr, pour prendre le village et infliger des pertes sérieuses à ses défenseurs, est de s'y porter par une rapide marche de nuit. Mais, pour que l'éveil ne soit pas donné aux pirates, il faut que le point de départ des divers groupes du détachement soit situé à quatre heures de marche au moins du village.

Chacun des groupes prendra un sentier différent pour venir aboutir, par une marche concentrique, sur une des faces du village, qui leur sera désignée à l'avance.

On doit renoncer à chercher la simultanéité d'arrivée de chaque groupe en face du village ; car il est absolument impossible de régler exactement, de nuit et pendant quatre heures, la vitesse de marche de chaque groupe. Les groupes seront donc constitués de manière à pouvoir se suffire à eux-mêmes ou, en tout cas, de résister à une contre-attaque éventuelle, pendant un temps approximatif suffisant pour que tous les groupes soient en état d'entrer en action. Le groupe qui arrivera le premier attaquera le village à fond et tâchera de forcer son enceinte, sans attendre un seul instant l'arrivée des autres groupes. On réussira rarement à s'approcher d'un village occupé, sans être découvert et annoncé. Il faut donc brusquer l'attaque. Si les irréguliers démoralisés prennent la fuite, la marche rapide et l'attaque brusque permettront souvent d'atteindre les retardataires ou les moins lâches, qui voudraient essayer, quand même, de résister. Dans le cas contraire, les irréguliers, engagés dès le début dans un violent combat sur l'une des faces, seront, le plus souvent, tentés de s'y porter en masse et dégarniront les autres faces, les laissant par conséquent exposées aux attaques des groupes qui arriveront successivement, à quelques minutes d'intervalle. Quelle que soit la face attaquée, ces faits se produiront, car les irréguliers constituent rarement, dans la défense des villages, des réserves et surtout des réserves intérieures générales ou des réserves extérieures. De telle sorte que l'inconvénient de ne pouvoir obtenir une attaque concentrique et simultanée de tous les groupes contre le village devient, pour ainsi dire, un avantage qui équivaut à un stratagème prémédité.

Pour terminer ce chapitre des marches et attaques de nuit et des surprises ou embuscades, nous donnerons, à titre d'indication, deux exemples de stratagèmes que nous avons employés au Tonkin ; s'ils n'ont pas produit alors tous les résultats qu'on était en droit d'espérer, la raison en est due aux faibles effectifs dont nous disposions pour les exécuter.

Lorsqu'une bande d'irréguliers évite le contact des troupes et s'acharne contre les villages amis, dès que la troupe, après une poursuite infructueuse, rentre dans sa garnison, il y a lieu, pour réussir à l'atteindre, d'agir de la façon suivante.

Dès que le chef d'un poste a obtenu des renseignements assez précis sur les lieux que fréquentent les irréguliers, il met en route, vers le village dissident le plus fréquenté par la bande, un détachement dont il cache le plus possible l'effectif. Il habille, par exemple, en coolies, une partie des soldats indigènes, auxquels il fait porter dans leur couverture leurs armes, leur équipement et, s'il y a lieu, les couvertures des autres soldats du détachement. Arrivé au village, il choisira, comme cantonnement pour sa troupe, une ou plusieurs habitations isolées, si possible, et construites dans un terrain découvert. Il ne choisira une pagode que si une clôture en cache l'intérieur aux yeux des indigènes qui épient toujours une troupe cantonnée. Cela fait, après avoir prescrit la grand'halte dans le village ou, de préférence, après y avoir passé la journée, il quittera ostensiblement le cantonnement avec le détachement ; mais il aura laissé un tiers ou le quart de sa troupe, qui se dissimulera dans une case, le mieux possible, tout en se tenant aux aguets.

Après une heure de marche environ dans la direction de son poste, il s'arrêtera et cachera tout son monde, attendant les événements et se tenant prêt à appuyer, s'il y a lieu, la partie du détachement qui est restée en embuscade dans le village. Il est à peu près certain qu'après son départ, les habitants ou les pirates reviendront dans le village pour en reprendre possession ou constater les dégâts qui y auront été faits par la troupe.

En ce moment, les soldats cachés dans le village — s'ils sont habilement conduits et si leur présence n'a pas été éventée — peuvent réussir à se saisir de quelques dissidents ou de quelques pirates et, au pis-aller, en tuer ou blesser quelques-uns. Dans tous les cas, on aura réussi soit à infliger quelques pertes aux dissidents, soit à recueillir, auprès des prisonniers ou blessés, des renseignements sur le repaire de la bande. Tout renseignement obtenu dans ces conditions devra être immédiatement utilisé, parce que, aussitôt surprises ou simplement inquiétées, les bandes irrégulières s'empressent de changer de repaire ou de région, par crainte d'une attaque.

D'autres fois, surtout lorsque le refuge des irréguliers est bien connu, il serait très avantageux de s'y porter rapidement avec le plus de monde possible. Arrivée à une heure environ de marche de son objectif, la troupe sera partagée de manière à former deux ou trois groupes secondaires capables, chacun, de présenter une certaine résistance même à toute la bande réunie, et un groupe principal, sous les ordres du chef du détachement, assez fort pour pouvoir attaquer et battre la bande tout entière.

Cette répartition faite, les deux ou trois groupes secondaires prendront ostensiblement et très rapidement les directions par lesquelles les pirates s'attendent ordinairement à voir arriver les troupes, et attaqueront sans tarder le village. Quant au groupe principal, qui partira le premier, il s'efforcera de dissimuler sa marche vers le village et d'arriver à proximité de la ligne de retraite présumée des irréguliers : il s'y maintiendra en embuscade en déployant la plus active vigilance et la plus grande persévérance.

Cette ligne de retraite se trouvera, généralement, dans les bois avoisinant les villages ou vers la partie montagneuse et sur la face du village la moins accessible et la plus cachée.

Plusieurs cas peuvent se présenter : les pirates, enhardis par la faiblesse apparente de l'un quelconque des groupes secondaires, opposeront de la résistance ; les groupes s'engageront au fur et à mesure de leur arrivée, afin d'inspirer la crainte aux irréguliers qui, alors, s'enfuiront par les directions qu'ils supposent dégarnies de troupes et, le plus souvent, défileront sous le feu du groupe principal.

Si, au contraire, les irréguliers se défendent avec avantage contre tous les groupes secondaires réunis, le groupe principal, mis au courant par un courrier, un guide, un auxiliaire ou par un signal convenu, accourra et prendra part au combat, enfermant ainsi les pirates dans un cercle de feu et barrant le mieux possible tous les sentiers leur permettant de disparaître rapidement vers les bois ou les hauteurs environnantes.

Le signal le plus pratique est la cessation momentanée du feu de l'infanterie ou le tir d'un nombre donné de coups de canon ou de feux de salves. Mais, le moyen le meilleur et le plus sûr pour éviter les méprises, est d'envoyer plusieurs auxiliaires ou guides porter un avis écrit au chef du groupe principal, qui ne devra pas être embusqué à plus d'un quart d'heure de marche du village.

Dans le cas où l'embuscade du groupe principal serait éventée, il est à prévoir que les pirates refuseront tout combat et s'esquiveront avant que les groupes secondaires soient en état de leur interdire la fuite. Il n'y a plus, alors, qu'à poursuivre les fuyards, si possible, et à prévenir sans retard le chef du détachement, par l'un des moyens indiqués, que l'opération a échoué.

CHAPITRE IX [1].

Recherche et attaque des refuges de pirates situés dans les forêts des régions mi-montagneuses de l'Indo-Chine.

Les bandes pirates, traquées énergiquement et sans trêve, se réfugient souvent dans une partie des forêts impénétrables qui couvrent la région mi-montagneuse. Les plus importants, les plus connus parmi ces refuges, sont ceux qu'avait choisis le chef pirate Dé-Tham, dans la région du Yen-Thé, et contre lesquels ont opéré, à différentes reprises, les colonels Frey, Gallieni et Bataille.

L'organisation défensive de ces refuges comprend généralement :

1° Des abatis d'arbres barrant, sur plusieurs kilomètres, les sentiers à peine tracés qui conduisent au repaire ;

2° De grands et petits piquets en bambous effilés qui couvrent le terrain plus ou moins accessible des environs, des ouvrages détachés et du réduit principal ;

3° Des palissades de bambous, solidement construites à proximité et en avant des créneaux étagés pratiqués dans les murs en pisé ou en terre battue des ouvrages.

Mais la plus efficace défense du refuge est constituée par :

1° Le fouillis inextricable de la forêt qui l'entoure et rend toute manœuvre extrêmement difficile, sinon impossible :

---

(1) Nota. — Nous nous sommes inspirés, pour la rédaction de ce chapitre, des enseignements donnés, en 1908, à l'École supérieure de guerre, par M. le colonel Mordrelle, de l'infanterie coloniale, lorsqu'il exposa les opérations du colonel Gallieni dans la région du Yen-Thé.

2° Le manque de hauteurs rapprochées et dominant les ouvrages du repaire ;

3° La connaissance parfaite que possède le défenseur des moindres recoins de cette forêt, et l'ignorance dans laquelle se trouve, le plus souvent, l'assaillant non seulement de la topographie des forêts mais surtout de l'emplacement, même approximatif, du réduit principal de la défense.

Utilisant la connaissance qu'ils ont de la forêt, les pirates établissent des ouvrages d'avant-ligne dans toutes les parties accessibles et dans toutes les directions que l'assaillant sera tenté de choisir. Celui-ci, en effet, n'ayant aucune indication sur la situation exacte du réduit principal, sera tenté, le plus souvent, de suivre les directions les plus favorables à la marche.

Les ouvrages détachés comme avant-ligne sont, généralement, à plusieurs centaines de mètres du réduit principal et construits, presque toujours, de la même façon que ce réduit, mais sont rarement flanqués par des bastions ou des tranchées latérales. Ils n'ont d'autre objet que de retarder l'assaillant, de disloquer son attaque et de l'obliger à aborder le réduit principal sans cohésion et démoralisé par les pertes. Les attaques contre les ouvrages détachés donnent au chef des pirates une indication sur la valeur des assaillants ; elles lui permettent de mesurer les forces dont il dispose à celles de ces derniers. S'il est convaincu que sa défaite est certaine, il a le temps de faire partir d'avance les femmes, enfants et impedimenta qui sont dans le réduit principal, vers un autre refuge préalablement choisi et où il se retirera ensuite avec toute sa bande.

Ces ouvrages d'avant-ligne sont presque toujours dissimulés ; non seulement leurs abords ne sont pas dégagés, mais encore, si la brousse en avant d'eux n'est pas assez épaisse, ils sont renforcés par des abatis d'arbres enchevêtrés et solidement attachés entre eux avec des lianes. L'entrée en est souvent barrée par deux portes hérissées de bambous effilés et fermées intérieurement au moyen d'un levier fixé solidement au sol par une cheville en bambou. Ce même levier est utilisé pour ouvrir la porte qui pivote sur sa partie supérieure et pour la maintenir ouverte, s'il y a lieu.

Étant donnés l'organisation, la position et la nature des refuges, ainsi que la manière de combattre des pirates et nos propres moyens d'attaque, il est nécessaire, pour les opérations contre ces refuges, d'ajouter quelques règles à celles exposées au chapitre VII (*Combat dans les régions boisées et mi montagneuses*). Ces règles sont le résultat de l'expérience acquise pendant les opérations dans le Yen-Thé ; elles ont été mises en pratique avec succès, en 1895, par le colonel Gallieni.

RECHERCHE DU REPAIRE.

Avant d'arrêter les dispositions d'attaque d'un repaire et de procéder à la reconnaissance tactique proprement dite, il est important de déterminer, le mieux possible, au moyen de renseignements, l'emplacement de ce repaire, le nombre et la situation des ouvrages, la nature et la force de leurs défenses, le nombre des défenseurs, leur répartition dans les ouvrages, leur armement et la quantité de vivres, matériel et impedimenta qu'ils renferment.

D'après ces renseignements, si vagues qu'ils soient, le chef de la troupe doit pouvoir donner des ordres rationnels indiquant : le but général à atteindre; la répartition des détachements devant coopérer à l'action générale, les directions générales de marche de ces détachements, leurs secteurs particuliers, leurs objectifs successifs : les moyens de communication entre les divers détachements et avec l'arrière ; les emplacements des stations magasins, des têtes de ligne de ravitaillement, des postes d'évacuation des malades.

Le fractionnement de la troupe et la convergence de plusieurs détachements vers un objectif commun sont en

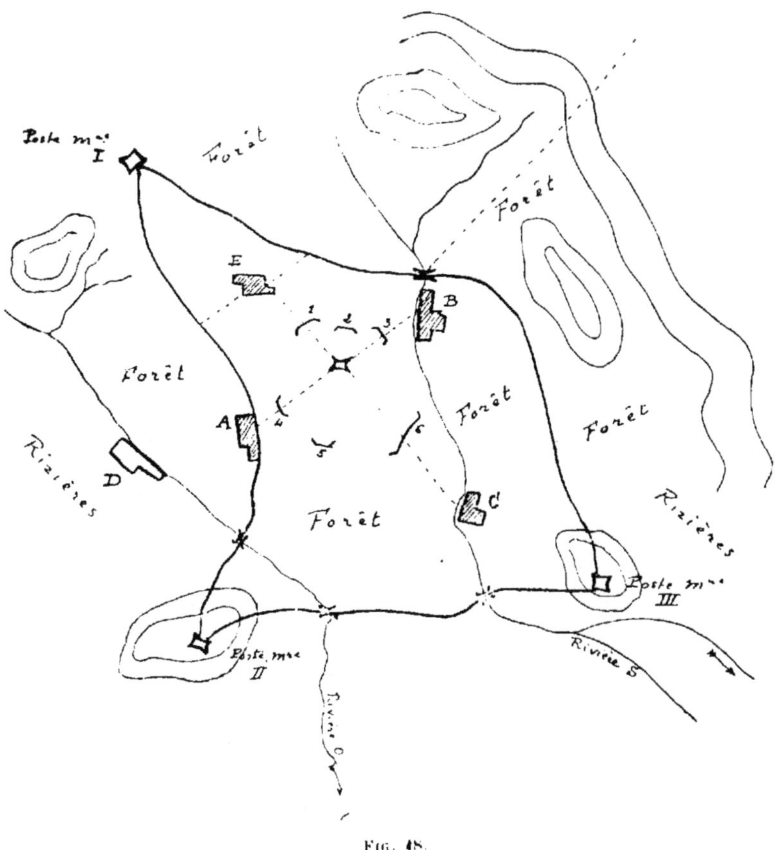

FIG. 48.

core plus nécessaires dans ces opérations que dans celles envisagées au chapitre VII précité.

Afin de mieux faire saisir notre pensée, nous prendrons comme croquis d'un terrain relatif aux opérations de cette

nature, la figure 48 qui représente, sous une forme schématique, la région dans laquelle a opéré le colonel Gallieni, en 1895, contre Dé-Tham.

RÈGLES A OBSERVER ET ORDRES A DONNER PENDANT LA PÉ-
RIODE DE RECHERCHE QUI PRÉCÈDE LA RECONNAISSANCE TAC-
TIQUE DU REPAIRE.

Nous supposerons que les renseignements recueillis ont
permis de conclure que la région forestière située entre
les deux rivières O et S sert de refuge à une bande pirate,
et que, selon toutes probabilités, les villages A, B, C, D,
sont soit de gré, soit de force, en relations constantes avec
elle, et n'ignorent rien de ce qui la concerne : emplacement du refuge, effectifs, organisation générale, etc. Il
est à présumer, en outre, que la bande, tirant presque tous
ses moyens de subsistance de ces villages, sera amenée à
les défendre. Leur occupation, qui déterminera le premier
contact avec les pirates. s'impose donc quel que soit l'emplacement du refuge principal de la bande.

A cet effet, la colonne sera fractionnée en quatre groupes mixtes dont les effectifs varieront avec les difficultés
que comportera la mission particulière confiée à chacun
d'eux. Un groupe mixte, comprenant si possible de l'artillerie, tout en constituant une réserve générale aux ordres
du commandant de la colonne, servira, en outre, d'escorte
à ce dernier et lui permettra de se rendre sans danger d'un
groupe à l'autre.

Des postes militaires, I. II. III. sont établis au nord-
ouest, à l'ouest et au sud-est de la région considérée. tandis que la partie est, montagneuse et couverte de forêts, est
complètement dégarnie de postes.

Les groupes mixtes auront pour mission de reconnaître
la situation exacte du repaire. de couper aux pirates toute
retraite, surtout vers le nord-est. de les refouler dans leurs

ouvrages, de les détruire si possible et de chercher tout particulièrement à capturer ou à tuer leur chef.

Les moyens à employer pour obtenir ces résultats sont les suivants :

1° Rechercher le contact; s'emparer pour cela des points qui servent au ravitaillement de la bande. Celle-ci sera ainsi incitée, soit à les défendre, soit à nous attaquer :

2° Organiser solidement les points successivement conquis pour en faire des centres de résistance en prévision d'un retour offensif ; assurer le ravitaillement de ces points en vivres et munitions, de façon à en faire les têtes de ligne de ravitaillement et les bases d'opérations. Au fur et à mesure que les groupes resserreront leur cercle, pousser en avant ces têtes de ligne de ravitaillement et les organiser fortement ;

3° Progresser concentriquement vers les parties de la forêt que les pirates défendent le plus énergiquement :

4° Combler les vides entre les détachements en obstruant la forêt au moyen d'abatis d'arbres, de fils de fer, etc., pourvus de sonnettes d'alarme : faire parcourir ces vides par de petites patrouilles. Relier, si possible, les détachements entre eux par le télégraphe, le téléphone et des reconnaissances. Employer des signaux ou des fusées colorées pour coordonner les mouvements des colonnes et leur permettre de seconder mutuellement leurs efforts ;

5° Évacuer les hommes atteints de maladies graves et les blessés, afin de réduire le nombre des bouches inutiles :

6° S'emparer de tout indigène rencontré et s'assurer de sa personne, à tout prix, jusqu'à la fin de l'opération : le questionner pour tâcher d'obtenir des renseignements :

7° Exécuter la reconnaissance tactique des ouvrages aperçus. Préparer longuement leur attaque de vive force, qui sera exécutée de préférence, et quelque peine que cela puisse coûter, sur les extrémités ou les derrières ;

8° Reconnaître minutieusement le réduit principal. Me-

nacer de front ; attaquer sur les flancs ou les derrières.
Menacer la ligne de retraite. Donner l'assaut après l'avoir
longuement préparé par les feux de l'artillerie et de l'infanterie, par la dynamite et les grenades à main ;

9° Faire exécuter la poursuite immédiate et à outrance
par une partie des groupes, accompagnés d'auxiliaires in
digènes, quelle que soit la fatigue de la troupe ;

10° Mettre à prix la capture ou la mort du chef de la
bande ainsi que celle des pirates en fuite ;

11° Occuper et organiser solidement la région conquise.

Tous les détails de cette opération doivent être bien
connus de la troupe, qui sera, ainsi que nous l'avons déjà
dit, partagée en quatre groupes mixtes, plus un **groupe**
formant escorte et réserve générale. Ces groupes doivent
se suffire à eux-mêmes et pouvoir résister isolément à toutes les attaques en attendant d'être secondés par les groupes voisins. Si les effectifs sont trop réduits pour pouvoir
remplir cette dernière condition, on réduira plutôt le nombre des groupes que leur force. L'artillerie, les munitions,
les vivres, le service médical, les médicaments seront ré-
partis entre eux suivant l'importance de la mission particulière assignée à chacun d'eux.

Dans l'exemple que nous avons choisi (fig. 48), les groupes auront tous, pour objectif commun, l'emplacement
présumé du réduit principal de la bande des pirates. Les
secteurs affectés à chacun d'eux seront, approximativement, les suivants :

Groupe V : — villages E et B.
Groupe X : — villages E et A.
Groupe Y : — villages C et B.
Groupe Z : — villages C et A.

La *première base des opérations* sera, pour chacun des
groupes :

Groupe V : — le village B, situé sur le chemin entre les postes militaires I et II.

Groupe X : — le poste militaire I.

Groupe Y : — le poste militaire III.

Groupe Z : — le poste militaire II.

La *deuxième base des opérations* sera, respectivement, pour les quatre groupes, les villages D, A, E, C, B.

Les *points conquis et organisés défensivement* seront les ouvrages formant l'avant ligne des pirates : 1, 2, 3, 4, 5 et 6, ou quelques uns de ces ouvrages.

Les *points d'évacuation :* les villages E, A, B, C qui serviront de postes pour les premiers soins médicaux. Il sera installé une *infirmerie* aux postes militaires I et II et une *ambulance* au poste III.

Les *têtes d'étapes de guerre de ravitaillement :* les villages E, A, B et C.

Des *stations-magasins* seront organisées aux postes militaires I et II ; un *magasin de vivres de réserve générale*, au poste militaire III où se trouveront également le *parc d'artillerie*, la *réserve générale des munitions d'infanterie* et le *service des postes et télégraphes*.

Les chemins reliant les postes I, II, III et les deux rivières (surtout la rivière S qui longe les villages B et C) formeront les *lignes de ravitaillement et de communications*.

Le commandant de la colonne, avec le groupe d'escorte, marchera, en principe, avec le groupe Y, qui opère le plus près de la rivière conduisant au poste III, base générale des opérations de la colonne.

Les villages A, B, C, D, E seront attaqués, puis occupés d'après les principes que nous avons exposés au chapitre VII. Les groupes s'y organiseront défensivement et enverront sans retard des patrouilles pour explorer — en se dirigeant, au besoin, avec la boussole — les secteurs qui leur sont affectés.

RECONNAISSANCE TACTIQUE DU REFUGE.

1° Chaque groupe explorera son secteur en poussant, en avant de lui, un réseau de trois à six patrouilles, composées chacune de six à dix fusils et précédées, à quelques dizaines de mètres, par deux volontaires et quelques auxiliaires aborigènes. Ces patrouilles seront commandées par un sergent ou un caporal (de préférence indigène) parlant bien le français. Elles avanceront par bonds successifs, en explorant le terrain avec prudence, mais résolument, sans se laisser arrêter par quelques coups de feu ou par quelques pertes qu'elles pourraient subir, et en se frayant, au besoin, un chemin au coupe-coupe.

2° A 100 mètres en arrière des patrouilles, marchera, sous les ordres d'un officier, une fraction de vingt à trente fusils qui servira de soutien aux patrouilles, réglera sa marche sur celle du centre et suivra le même chemin qu'elle.

3° A 200 mètres du soutien, et sur ses traces, marchera le reste du groupe, sous les ordres d'un officier.

Le commandant du groupe se tiendra, de préférence, avec la tête du gros du groupe.

4° Les patrouilles qui cheminent aux extrémités du réseau auront pour mission principale de maintenir la liaison avec les groupes voisins. Les fractions en arrière assurent leur liaison avec les fractions qui sont en avant d'elles; mais ces dernières, avant de faire un bond en avant, devront toujours s'assurer que les fractions qui les suivent sont prêtes à se mettre en route en même temps qu'elles. Cette prescription est surtout importante pour la patrouille du centre, qui doit toujours conformer son mouvement à celui de ses éclaireurs, et être suivie par le soutien derrière lequel marche le reste du groupe. La marche des autres patrouilles peut être quelque peu indépendante de celle de la patrouille du centre, mais il doit être recommandé aux hommes qui forment les patrouilles de ne tirer qu'à bout portant afin d'éviter de se blesser mutuellement. L'emploi des feux de salve offre l'avantage de distinguer le tir des patrouilles de celui des pirates. L'emploi du sifflet, du clairon ou de signaux convenus permet, d'ailleurs, d'éviter les méprises de cette nature.

5° Les patrouilles ne poursuivent jamais les pirates en fuite, la prudence étant la meilleure garantie contre les embuscades ; mais elles continuent leur marche avec opiniâtreté et avec la même circonspection qu'avant la prise de contact avec l'ennemi. Elles ne doivent pas oublier que leur rôle consiste à découvrir l'emplacement exact des ouvrages et non pas de se livrer à des tirailleries sans résultat. Elles tirent pour assurer leur propre sécurité et pour pouvoir progresser en avant ; la destruction de la bande incombe aux efforts coordonnés de tous les éléments de la colonne. Elles doivent éviter de procurer aux pirates des succès partiels et de subir des pertes qui seraient de nature à influencer le moral de tout le groupe. Les sacrifices devront être consentis sans hésitation et sans compter lorsqu'il faudra enlever les ouvrages ou briser une sérieuse résistance ; mais, en dehors de ces cas, il faut être avare de la vie des soldats.

6° Le soutien recueille ou renforce les patrouilles et constitue une première troupe de résistance en cas d'attaque.

Le groupe manœuvre sur les flancs des rebelles aux prises avec les soutiens et, s'il y a lieu, renforce l'action de ces soutiens.

CHAPITRE X.

La poursuite.

Malgré les difficultés qu'elle présente dans des régions aussi couvertes que celles de l'Indo Chine — en dehors des deltas — et en raison de l'extrême « fluidité » des bandes pirates, la poursuite est indispensable ; elle est presque toujours possible et donne des résultats très importants.

Si les exemples d'une poursuite immédiate des bandes qui ont été battues au Tonkin sont peu fréquents, cela tient à des raisons qui n'ont, d'ailleurs, que des rapports très éloignés avec la possibilité de leur exécution. La principale réside dans ce fait que les opérations contre les rebelles n'étaient, le plus souvent, autorisées qu'à contre-cœur par l'autorité civile. Celle-ci, en effet, était obligée de ménager l'opinion publique qui, en France, s'étonnait de la lenteur de la pacification du Tonkin, ignorante qu'elle était, en général, de la grandeur de la tâche à accomplir comparée aux faibles moyens dont disposait l'autorité militaire.

Aussi, dans la plupart des cas, à peine une bande rebelle était-elle battue et dispersée — alors qu'une poursuite vigoureuse de repaire en repaire aurait procuré son anéantissement définitif — la colonne victorieuse était disloquée ou envoyée en partie vers d'autres régions où des troubles se manifestaient. On pouvait alors annoncer en France la pacification de la contrée et la fin des opérations militaires. C'est ainsi que l'on a agi dans toutes les opérations contre les grandes bandes de Bô-Giap, Dé-Tham, Mac-Quan-Au, Ba Ky, Lyong-Tam-Ky, sauf lorsqu'on a pris le parti de donner des subventions et d'accorder en fief des régions entières au chef et aux rebelles pour qu'ils s'abstiennent de troubler désormais les régions avoisinant les grands centres administratifs.

Cette façon d'agir, admissible dans certains cas, est du ressort de la politique coloniale et n'a rien de commun avec l'art militaire.

Une autre raison, presque aussi importante et qui n'était qu'une conséquence de celle que nous venons d'exposer, tenait à la faiblesse des effectifs disponibles qui obligeait les commandants des territoires militaires à courir au plus pressé. Dès qu'un chef de bande était rendu impuissant, on l'abandonnait à son sort pour se tourner vers un autre dont les agissements devenaient inquiétants.

Parfois, aussi, la bande que l'on avait atteinte profitait de la proximité de la frontière chinoise pour se réfugier en Chine, s'y reposer et s'y reconstituer. Il est de notoriété publique que des représentants du gouvernement chinois regardaient d'un œil plutôt bienveillant les incursions des bandes pirates sur notre territoire : ils en tiraient toujours quelque profit, lorsque ces bandes ramenaient en Chine un butin composé de femmes, d'enfants, de buffles, ou lorsqu'elles avaient réalisé une petite fortune avec la vente de l'opium de contrebande.

Souvent, enfin, avant d'atteindre les rebelles, nos troupes fournissaient un effort considérable, en marches et contre marches qui duraient plusieurs mois, et enduraient de nombreuses souffrances par suite des intempéries, de la rigueur du climat et des privations de toutes sortes. Si nous ajoutons à tout cela les pertes en tués ou blessés qu'elles subissaient, on comprendra facilement que leurs chefs, même victorieux, soucieux de conserver un outil aussi précieux que difficile à remplacer, aient généralement renoncé à demander à leurs hommes, sans désemparer, ce nouvel effort qui devait procurer, par la poursuite, la destruction complète de la bande que l'on avait mise en fuite.

Ce n'est donc pas la possibilité d'exécution qui a empêché la poursuite pendant la pacification du Tonkin. Nous n'en voulons pour preuve que les quelques exemples ci-après.

Dans le quatrième territoire militaire de Lao-Kay, du mois de décembre 1896 au 11 janvier 1897, un groupe mixte, sous les ordres du capitaine Debectrevel, de la légion étrangère, a attaqué et battu le 12 décembre, à Coc-Tum, une bande pirate qu'il poursuivit et battit une deuxième fois à Cau-Ten, près de Muong-Lum, le 28 décembre ; il la poursuivit et l'atteignit encore dans son nouveau repaire, à Y-To-Pine, le 31 décembre. Démoralisée, à bout de souffle et de ressources, cette bande finit par passer la frontière et se réfugia à Song-Phong, centre pirate situé en face de Lao-Kay.

La même année, le capitaine Colonna d'Istria, opérant dans les mêmes conditions, avec sa ténacité et son énergie habituelles mises au service d'une connaissance approfondie des guerres coloniales, poursuivit de position en position et battit à plusieurs reprises une bande chinoise d'un effectif très supérieur à celui du groupe mixte qu'il commandait, et la rejeta finalement en Chine, décimée et à bout de ressources.

En 1899, le jour de Pâques, aux environs de Yen-Lang, sur la rive gauche du fleuve Rouge, nous avons surpris le repaire du chef pirate annamite Doï-Tô. Nous nous sommes emparés de tous les approvisionnements de la bande et de quinze fusils à tir rapide ; mais les pirates réussirent à prendre la fuite. Après une poursuite de plus de deux heures en pleine forêt, nous pûmes atteindre un de ses groupes et lui infliger, en tués et blessés, des pertes sensibles.

En 1887, la colonne mixte du commandant Berger, de

l'infanterie coloniale, enlevait brillamment, vers 11 heures du matin, Déo-Hat, dans la région de Yen-Lyong, occupé par la bande de Bô-Giap. Le commandant Berger, tenant compte de l'extrême fatigue de ses hommes qui étaient sur pied depuis 4 heures du matin, se décida à ne reprendre la poursuite qu'à 4 heures du soir. Le résultat de ce retard, inspiré par des considérations très humaines, fut que la bande se remit de sa panique et qu'elle eut le temps d'éloigner ses impedimenta, de brûler d'immenses magasins contenant du paddy qu'elle avait en sa possession et de prendre une avance telle qu'il ne pouvait plus être question de la rejoindre.

La poursuite immédiate est donc possible. Elle est efficace, à la condition d'être entreprise sans désemparer et avec la ferme résolution de ne pas y renoncer, quelle que soit la fatigue de la troupe, à moins que toute trace des fuyards ait disparu et qu'il soit impossible d'avoir le moindre renseignement, si vague soit il, sur la direction qu'ils ont prise. Il faut éviter le sentiment qui s'empare habituellement d'une troupe après la victoire, sentiment qui porte à renoncer à la poursuite, surtout si le succès a exigé une grande tension de tous les moyens physiques et moraux. Ce sont les chefs, possédés de l'ardeur fanatique, du désir de la lutte à outrance, qui peuvent réagir contre ce sentiment, contre cette béatitude qui s'empare du vainqueur ; ils doivent donner l'ordre de poursuite avant que la troupe ait pu savourer, pour ainsi dire, le plaisir d'être sortie indemne d'une lutte meurtrière et d'avoir remporté la victoire.

Quelquefois aussi, la crainte, moins avouable, mais bien humaine, de compromettre en partie la gloire que procure le succès, contribue à faire reculer le moment où il faut engager de nouveau la partie. L'habileté des pirates à dissimuler leur fuite n'est pour rien dans l'absence de poursuite ; le chef seul en est cause.

Que de fois n'avons-nous pas constaté qu'on faisait un *pont d'or* — et parfois par ordre supérieur — aux bandes qui s'enfuyaient vers la Chine, alors qu'on pouvait encore les atteindre et les détruire ! Mais, chacun calculait bien plus les pertes probables que cette action lui aurait coûtées que celles qu'il aurait pu infliger à l'ennemi.

Si un chef se laisse absorber par le souci des pertes au point d'oublier que son adversaire doit, *a fortiori*, en avoir subi de plus élevées, soit matérielles, soit morales, il est incapable d'ordonner, en temps voulu, une poursuite efficace.

EXÉCUTION DE LA POURSUITE.

Pour qu'une poursuite soit efficace, elle doit être faite par les troupes les plus fraîches, dès que l'ennemi prend la fuite. Les groupes qui en sont chargés seront confiés à des officiers vigoureux, tenaces et d'une hardiesse n'excluant ni la prudence, ni le calcul, car poursuite ne veut pas dire course au clocher.

Une bande nombreuse en fuite est obligée d'utiliser, pour ses groupes principaux, les sentiers qui existent ou qu'elle a créés en arrière de ses lignes de défense. Quelques fuyards isolés peuvent se retirer à travers la forêt ; mais les chefs, avec leur escorte, les blessés et leurs porteurs doivent nécessairement suivre les sentiers. Une bande de 100 à 300 fuyards, emportant précipitamment quelques hardes ou des objets de première nécessité, laisse toujours, dans la précipitation de sa course, tomber quelques objets qui suffisent, ainsi que nous l'avons déjà dit, à marquer la direction prise. Si le sol est humide, la trace des pieds reste longtemps apparente. Lorsqu'un ruisseau sert de sentier, on y voit flotter quelques objets perdus ou jetés par les fuyards pour s'alléger dans leur course. Les blessés, morts en chemin, sont généralement enterrés au bord des sentiers : la terre qui les recouvre apparaît fraî-

chement remuée ou leur sang tache les broussailles avoi-
sinantes.

Les indices ne manquent donc pas : mais les pirates
s'enfuient, toujours, par groupes distincts, suivant des directions divergentes pendant un ou plusieurs jours et se
rassemblent enfin en un point indiqué d'avance comme
nouveau refuge.

Les troupes chargées de leur poursuite devront, en conséquence, former plusieurs groupes accompagnés et précédés
d'auxiliaires aborigènes, le groupe le plus nombreux suivant la direction présumée prise par le gros de la bande.

A proximité d'une frontière, la direction de retraite la
plus probable est celle de cette frontière — parfois le poste
militaire chinois le plus voisin — ; de préférence, le lieu
habité le plus rapproché où la bande pourra se procurer
les vivres et les secours pour ses blessés. Elle peut
aussi se diriger soit vers une région avec laquelle elle
est en relations, de gré ou de force, soit vers une autre
région parcourue par d'autres bandes, en général, loin
de nos postes militaires et des centres administrés par
des fonctionnaires européens. Si sa défaite n'a pas été suffisamment meurtrière, elle se repliera peut-être vers un
col ou un refuge préparé d'avance, situé au fond d'une
vallée boisée ou d'un cirque aux issues rares et faciles à
défendre, afin de s'y reposer en vue d'une nouvelle lutte.
Quelquefois, enfin, — surtout lorsqu'elle n'a pas un fort
effectif —, elle s'éparpillera par groupes de quelques hommes et se reformera ensuite dans un refuge bien connu
de tous. Dans ce dernier cas, il sera préférable de confier la poursuite à des aborigènes, armés ou non par nos
soins, auxquels on donnera une prime par tête de pirate
rapportée, et que l'on fera soutenir par des groupes de
soldats réguliers parcourant lentement la région de village à village et établissant même quelques postes militaires provisoires.

L'exécution tactique de la poursuite se fera d'après les principes indiqués précédemment, pour les marches et surprises, aux chapitres III, IV et VIII. Les groupes qui en seront chargés devront avoir pour règle absolue de ne jamais s'engager à fond sans connaître, au préalable, la force et la valeur guerrière de leurs adversaires.

Si les renseignements recueillis ne donnent pas la certitude du succès, le commandant du groupe chargé de la poursuite doit occuper une position avantageuse à proximité de la bande, rendre compte au gros de la colonne et attendre son arrivée ; il ne cessera de surveiller les pirates et de les harceler, afin de les empêcher de se retirer, ainsi qu'ils le font souvent, sous la protection de quelques-uns d'entre eux bons tireurs et bien postés. Il fera reconnaître par des patrouilles les sentiers qui peuvent mener sur les flancs et sur les derrières des fuyards et entretenir le feu tout en ménageant les munitions. C'est au gros de la colonne qu'incombe la mission d'attaquer à fond et de détruire.

Les groupes de poursuite agissent comme les chiens policiers ; ils éventent les délinquants, les atteignent, s'accrochent aux basques de leurs habits ou de leurs pantalons pour retarder leur fuite et les maintiennent sous la menace de leurs crocs jusqu'à l'arrivée des agents qui suivent de très près.

Ce rôle devient particulièrement délicat lorsque la bande est assez forte pour se poster et faire face aux groupes de poursuite, et lorsque, sachant que le gros de la colonne ne pourra l'atteindre que le lendemain, elle se décide à décamper pendant la nuit. Or, il est extrèmement difficile d'éventer le départ des pirates lorsqu'il est effectué de nuit, bien que, souvent, ils incendient leur camp ou le village qu'ils occupent, au moment de leur départ.

Dans tous les cas, les auxiliaires aborigènes et les habitants de la région, stimulés par des primes en argent,

pourront donner les renseignements désirés. Il serait peu
prudent de continuer la poursuite dans l'obscurité, émi-
nemment favorable aux embuscades que les pirates ne né-
gligeront jamais de tendre. La meilleure solution consiste
alors dans une attaque par le feu, — d'abord de loin, puis
de plus près —, de la position signalée comme abandonnée ; on aura ainsi l'espoir de blesser quelques retardataires, d'affoler quelques porteurs ou malingres qui, abandonnant leurs charges pour accélérer leur fuite, laisseront
ainsi des indices permettant de déterminer, le lendemain,
la direction prise. Si la bande riposte à cette attaque, l'intensité du feu donnera des indications sur l'exactitude des
renseignements recueillis. Si elle s'est enfuie, la poursuite
reprendra le lendemain, dès que la clarté du jour le permettra.

Le commandant de la colonne, auquel sera adressé par
chaque chef de groupe un rapport détaillé sur la situation,
devra employer tous les moyens à sa disposition pour con-
firmer les renseignements reçus, démêler la vérité au milieu
des comptes rendus parfois contradictoires, préciser la direction prise par le gros de la bande, diriger l'action d'ensemble de ses groupes et les rejoindre, en temps voulu,
avec toutes ses forces.

TABLE DES MATIÈRES

CHAPITRE VI.

SERVICE DE SURETÉ EN STATION.

CHAPITRE VII.

DU COMBAT.

CHAPITRE VIII.

CHAPITRE IX.

CHAPITRE X.

Paris et Limoges. — Imp. et libr. milit. Henri CHARLES-LAVAUZELLE.